22 Frankfurts Bankentürme überragen die Zeugen vergangener Zeiten – wie der Blick von der Zeilgalerie auf Katharinenkirche und Hauptwache zeigt.

Wiesbaden und Mainz

92 **Bäder- und andere Kultur**
Wiesbaden, die Kurstadt, und das Forscherzentrum Mainz. Hessenhauptstadt die eine, politisches Zentrum von Rheinland-Pfalz die andere. Beide charmant und durch Rhein und Wein geeint.

110 **Citypläne**
111 **Infos & Empfehlungen**

Anhang

116 **Service – Daten und Fakten**
121 **Register, Impressum**
122 **Lieferbare Ausgaben**

Frankfurt · Umgebung

60 **Römer, Riesling und Rivalitäten**
Frankfurts weiß zu überraschen: Zeugnisse der Baukultur umfassen die Antike ebenso wie den Jugendstil und die Zwanziger Jahre.

DUMONT THEMA
68 **Mittelalterliches Privileg**
Kaiser Friedrich II. machte Frankfurt zur ersten Messestadt der Welt.

72 **Straßenkarte**
73 **Infos & Empfehlungen**

Taunus

76 **Mehr als Panoramen**
Spuren alter Kulturen, heilende Naturkräfte und ein einzigartiges Landschaftsbild – der Taunus

DUMONT THEMA
86 **Wasser zum Wohle des Körpers**
Schon die Römer nutzten die heilenden Quellen auf den Taunushöhen.

88 **Straßenkarte**
89 **Infos & Empfehlungen**

DuMont Aktiv

Genießen   Erleben   Erfahren

41 **Auf die Barrikaden!**
Eine Themen-Stadtführung zu den Ereignissen von 1848

59 **Im Laufschritt**
Ein erster Überblick in Joggingschuhen

75 **Radeln am Fluss**
Das Mainufer ist ideal für eine Radtour.

91 **Hinauf zum höchsten Gipfel**
Der Taunus gilt als Paradies für Wanderfreunde.

113 **An den Herd!**
Der Rheingau ist köstlich: ein Kochkurs mit Franz Keller.

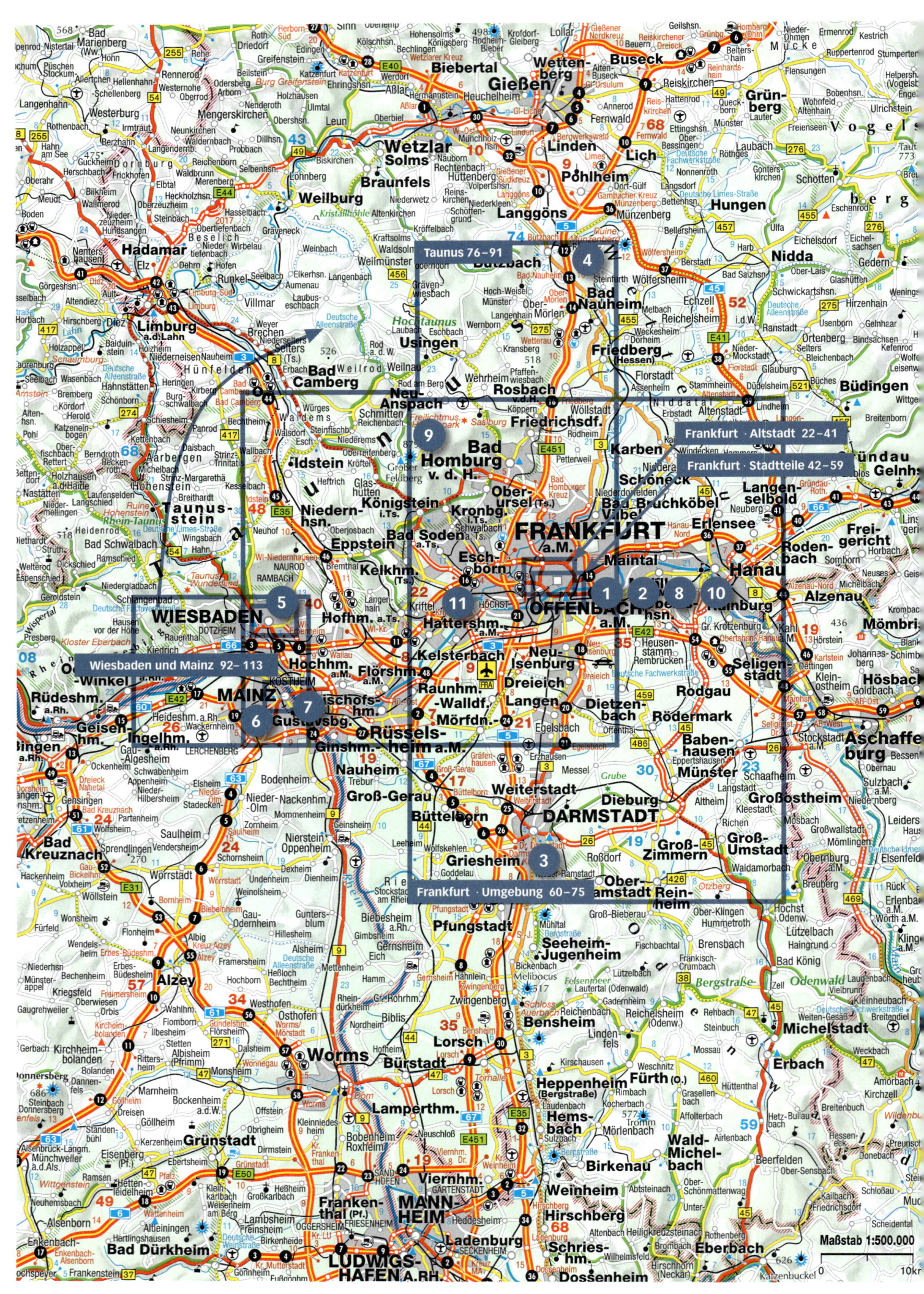

Taunus 76–91

Frankfurt · Altstadt 22–41

Frankfurt · Stadtteile 42–59

Wiesbaden und Mainz 92–113

Frankfurt · Umgebung 60–75

Maßstab 1:500.000

Liebe Leserinnen, liebe Leser!

Als Historikerin denke ich bei Frankfurt natürlich erst einmal an 1848 und die Paulskirche, an die Geburtsstunde der deutschen Demokratie. Als Germanistin ist mir Frankfurt vor allem als Goethestadt vertraut und als Redakteurin als die Stätte der Buchmesse. Ansonsten kenne ich von Frankfurt – wie die meisten Reisenden, die häufig von Nord- nach Süddeutschland unterwegs sind (oder umgekehrt) – vor allem die eindrucksvolle Skyline. Die Hochhaustürme der Mainmetropole grüßen den Bahnreisenden ebenso wie den Autofahrer.

Messerummel, Main Tower und Museumsmeile

Übrigens stehen in Europa nirgendwo mehr Wolkenkratzer als in der kleinsten Metropole der Welt, als in „Mainhattan". Der beste Ausblick auf die Skyline bietet sich vom Main Tower. Nach einem hektischen Tag auf der Buchmesse beginnen wir den Abend gern hier mit einem Drink an der Bar in 200 m Höhe. Der Blick auf das Lichtermeer ist gigantisch. Dann aber wird es höchste Zeit, um ans andere Mainufer zu wechseln – schön, dass man in Frankfurts Innenstadt alle Wege zu Fuß absolvieren kann. Viele der großen Museen am Schaumainkai haben mittwochs oder donnerstags bis 21.00 Uhr geöffnet, also noch Zeit für eine Stippvisite. Und danach? Keine Frage, ich freue mich immer auf einen Bummel durch Sachsenhausen, wo wir bei der Suche nach einem geeigneten Restaurant die Qual der Wahl haben.

Von Mainhattan ins Grüne

Mit Wiesbaden, Mainz und Darmstadt hat Frankfurt weitere touristisch attraktive Städte in seiner unmittelbaren Nachbarschaft. Dennoch – mich lockt nach Beendigung der Buchmesse eher ein Ausflug ins Grüne, in den nahen Taunus. Dichte Wälder überziehen die Höhen und laden zum Wandern ein. Eine tolle Tour stellt Ihnen Rita Henss, die Autorin dieses DuMont Bildatlas, auf S. 91 vor. Herzlich

Ihre

Birgit Borowski

Birgit Borowski
Programmleiterin DuMont Bildatlas

*Der Fotograf **Udo Bernhart** lebt nahe Frankfurt und fotografiert seit Jahren in der Mainmetropole. Erstaunt hat ihn, wie schnell sich die Stadt, die er gut zu kennen glaubt, immer wieder verändert.*

*Die Journalistin und Buchautorin **Rita Henss** ist in Frankfurt, aber auch in der ganzen Welt zu Hause. Es war es für sie sehr reizvoll, einmal ihre Heimatstadt zu porträtieren.*

52 Apfelwein ist in Frankfurt fast schon Philosophie – seit Jahrhunderten. Doch erst in den letzten Jahren richtet sich der Blick vermehrt auf höchste kulinarische Weihen.

92 Mainz und Wiesbaden sind durch den Rhein getrennt – und auch sonst sehr unterschiedlich. Vom Neroberg geht der Blick auf beide.

68 Frankfurts Messe bringt sie seit Jahrhunderten zusammen, die Kaufleute und Kunden. Das gilt auch für die Buchmesse.

Impressionen

8 Bilderbogen mit Frankfurter Hochhausarchitektur, Kultur-, Gaumen- und Freizeitfreuden und Idsteiner Fachwerkpracht

....

Frankfurt · Altstadt

22 **Kontraste auf engem Raum**
Frankfurts Zentrum, nur wenige Quadratkilometer groß, ist Wiege und Motor der gesamten Wirtschaftsregion Rhein-Main. Ein Kern reizvoller Kontraste: uralt und zukunftsweisend, gemütlich und cool, unterhaltsam und bildend, mit viel Wasser und viel Grün – sowie einem eigenen Rhythmus, den es zu erspüren gilt.

DUMONT THEMA
36 **Disneyland Domhügel?**
Frankfurts mittelalterlicher Kern am Römerberg, im Zweiten Weltkrieg zerstört, entstand in den 1980er-Jahren neu. Nun sollen weitere Facetten der Altstadt rekonstruiert werden. Ein nicht unumstrittenes Unterfangen.

38 **Cityplan**
39 **Infos & Empfehlungen**

....

Frankfurt · Stadtteile

42 **Studentenvolk und Alte Meister**
Dörfliche Enge, großbürgerliche Eleganz, blühende Parks, eine Perlenkette von Museen, das Flussufer als Freizeitzone – rund um seinen historischen Kern und das Viertel der Bankentürme zeigt sich Frankfurts hohe Lebensqualität in besonderem Maße.

DUMONT THEMA
52 **Ein ganz besonderes Stöffche**
Ob sortenrein gekeltert oder gemischt aus Braeburn, Jonagold oder Coxorange und kombiniert mit anderen Früchten – Frankfurts Nationalgetränk funkelte schon vor mehr als 500 Jahren im Glas.

56 **Cityplan**
57 **Infos & Empfehlungen**

UNSERE FAVORITEN

BEST OF ...

20 **Stadtoasen**
Erholung in der Natur – oft gepaart mit kulturellen Angeboten

108 **Shopping**
Retromode, Designprodukte, Vintageartikel, Accessoires – jenseits der Einkaufsmeilen

114 **Ausgehen**
Relaxen und genießen: Top-Adressen für die Abendgestaltung

Topziele

Die bedeutendsten Sehenswürdigkeiten und Erlebnisse, die keinesfalls versäumt werden sollten, haben wir auf dieser Seite zusammengestellt. Auf den Infoseiten sind sie jeweils als **TOPZIEL** *gekennzeichnet.*

KULTUR

1 **Ein Tempel für die Musik:** Frankfurts Alte Oper gehört zur ersten Reihe deutscher Konzerthäuser. **Seite 40**

2 **Kulturelles Aushängeschild:** An Frankfurts Museumsufer reihen sich Ausstellungshäuser von Weltrang – allen voran das „Städel". **Seite 58**

3 **Künstlerischer Traum:** Darmstadts Mathildenhöhe ist ein Gesamtkunstwerk des Jugendstils – zu Recht ein Vorschlag für die Welterbeliste der UNESCO. **Seite 75**

4 **Ein Schloss der Gesundheit:** Der Bad Nauheimer Sprudelhof ist ein eindrucksvolles Beispiel für die dekorative Kraft des Jugendstils. **Seite 89**

5 **Erinnerung an mondäne Zeiten:** Wiesbadens prachtvolles Kurhaus spiegelt die Blüte von Europas einst exklusivstem Badeort. **Seite 111**

6 **Ein rheinischer Kaiserdom:** Der Mainzer Dom, ein Jahrtausend Baugeschichte, zählt zu den großartigsten Sakralbauten Deutschlands. **Seite 112**

7 **Revolutionäres Geschehen:** Gutenbergs Erfindung des Buchdrucks war weltbewegend. Das ihm gewidmete Mainzer Museum zeigt dies mit Meisterstücken der Buchdruckerkunst. **Seite 112**

NATUR

8 **Großstädtische Naturoase:** Der Palmengarten im Frankfurter Westend vereint als Parklandschaft und botanischer Garten gleichermaßen Freizeit und Wissenschaft. **Seite 58**

9 **Naturpark-Höhepunkte:** Der Hochtaunus gehört zu den geschätzten Freizeitgebieten des Rhein-Main-Ballungsraums, kein Wunder bei allein 1240 km Wanderwegen. **Seite 90**

ERLEBEN

10 **Frankfurts gute Stube:** Auf dem Römerberg mit seiner Mittelalteranmutung lässt sich wunderbar dem „alten" Frankfurt nachspüren. **Seite 38**

11 **Weit mehr als Industrie:** Geruhsamer Bummel durch die verwinkelten Altstadtgassen von Höchst. **Seite 73**

Alle Facetten des Genusses

Mögen Apfelwein, Handkäs und Rippchen mit Kraut auch die bekanntesten kulinarischen Botschafter Frankfurts sein – Genuss buchstabiert sich in der Mainmetropole längst global. Das Angebot ist so vielseitig wie der lokale Bevölkerungsmix der uralten Handelsmetropole, in der man schon immer etwas vom Wohlleben verstand. Angesagt ist Vieles. Ob man sich – wie hier an der Hauptwache, nicht weit von der Zeil entfernt – in stylishem Ambiente trifft, gediegen-gemütlich in Sachsenhausen oder in einem der zahllosen Restaurants, die sich den unterschiedlichsten Nationalküchen widmen: Kein Wunsch bleibt unerfüllt.

Reizvolle Hüllen für Kunst & Co.

. . . .

Frankfurts Museumslandschaft ist von beein-
druckender Vielfalt: Zeitgenössisches (Foto:
MMK Museum für Moderne Kunst) und Alte
Meister, Naturgeschichte und Kommunikation, Film und Architektur – jede Sparte ist
vertreten. Die Sammlungsfülle ist ein Ergebnis
bürgerlichen Stiftungswillens, als Freie Reichsstadt kannte Frankfurt keinerlei herrschaftliche
Kollektionen. Im Stadtgebiet und in der Umgebung gibt es heute gut drei Dutzend Museen.
Die Region birgt weitere museale Fülle – ob
Römisch-Germanischem oder Gutenberg gewidmet, mit Schwerpunkt Expressionismus oder
ländlicher Entwicklung.

Romantik in Holz und Stein

Vielgestaltiges Fachwerk, bodenständige Gastwirtschaften, die Beschaulichkeit kleiner Orte (Foto: Idstein) – es finden sich im Rhein-Main-Gebiet reichlich Gegenpole zu seiner geschäftigen Wirtschaftsmetropole Frankfurt. Ob im Taunus, im Rheingau oder in Rheinhessen, überall lassen sich bauliche Juwelen und wunderbare Naturlandschaften entdecken: Wälder, Weinberge, Flussauen, verwunschene Bachtäler. Immer wieder thront irgendwo eine Burg oder ragt in der Ferne eine Turmruine auf. Und in Darmstadt ist ein ganzer Hügel geprägt von der Formenfülle des Jugendstils.

Himmelstürmende Beweise des Erfolgs

Mit Singapur, der San Francisco Bay Area, London und New York zählt Frankfurt zu den wichtigsten Business-Städten weltweit. Seine Führungsposition als Finanzmetropole resultiert aus seiner Eigenschaft als Sitz der Europäischen Zentralbank und der Bundesbank sowie der langjährigen Präsenz der Deutschen Börse und annähernd 300 weiterer Bankinstitute, überwiegend mit ausländischen Wurzeln. Den Finanzinstituten verdankt Frankfurt auch weitgehend seine einzigartige Skyline – bereits in den 1950er-Jahren baute sich eine Bank erstmals ein vielgeschossiges Domizil (im Vordergrund die Deutsche Bank).

Darum ist es am Main so schön

Geselliges Entspannen oder eine sportliche Feierabendtour – an den Ufern des Mains ist beides möglich. Frankfurts Freizeitangebot beschränkt sich aber nicht auf den Fluss, es umfasst auch stadtnahe Naturgebiete, die Höhen des Taunus und die abwechslungsreichen, von Rhein und Main gleichermaßen geprägten Landschaften.

Kulturpaläste von historisch bis topmodern

„Dem Wahren, Schönen, Guten" widmet sich in Frankfurt nicht nur die Alte Oper. Eine ganze Riege kultureller Einrichtungen, vom Opernhaus bis zum Off-Theater, prägt die geistige Atmosphäre der Stadt. Wiesbaden und Mainz ergänzen das Angebot mit ebenfalls renommierten Bühnen und Festivals.

Die schönsten Stadtoasen

Chillen und genießen in der Natur

Parks, Flussufer, Waldpfade – eine Fülle historischer und neu angelegter Grünflächen lockt in und um Frankfurt zum Erholen und Erkunden. Oft paart sich die Natur dort sogar mit kulturellen Angeboten.

3 Holzhausenpark

Gut drei Hektar umfasst diese traditionsreiche Grünanlage mit majestätischer Kastanienallee und einem Wasserschlösschen. Ihre Anfänge reichen zurück ins frühe 18. Jahrhundert, als die Familie von Holzhausen ihr mittelalterliches Landgut zur Sommerresidenz ausbauen ließ. Inzwischen toben am nördlichen Rand der Wiese kleine und größere Kinder in eigens angelegten Spiellandschaften. In dem kleinen Open-Air-Café mit Liegestühlen unter uralten Bäumen im Ostteil des Parks sorgt ein moderner Kioskkubus für Snacks und Getränke. Im Schlösschen gibt es abends regelmäßig Kulturveranstaltungen.

Zwischen Holzhausen-, Justinian-, Hamman- und Fürstenbergerstraße

2 Hafenpark

Wo einst Schrottteile lagerten und Gemüselaster kurvten, dehnt sich nun frisches Grün, erklingt Livejazz und laden Bänke zur Kontemplation am Fluss. Der neue Hafenpark am Saum der alten Großmarkthalle und zu Füßen der neuen Europäischen Zentralbank ist Spielwiese und Ruhezone zugleich; er bietet Sportgeräte und -plätze für Groß und Klein, einen Skaterparcours und an seiner Flanke, in den Bogen der Honselbrücke, Kunst, Kaffee und Musik.

Zwischen Deutschherrnbrücke, Honselbrücke, Mayfahrtstraße und Mainufer

4 Grüngürtel

Fast 60 Kilometer lang ist der Grüngürtel rund um Frankfurt. Wer mag, kann ihn in Teilstrecken von bis zu 9 km Länge erwandern oder mit dem Rad erkunden – zum Beispiel von der Römerstadt bis Berkersheim längs der Nidda oder von der Oberschweinstiege durch den Stadtwald nach Oberrad.

Die Wander- und Radkarte für den Grüngürtel kann kostenlos über das Umweltamt Frankfurt bezogen werden (www.umweltamt. stadt-frankfurt.de)

1 Licht und Luftbad

Skylineblick, Liegewiesen, Grillmöglichkeiten, ein Ponton-Café in Schiffsform, alter Baumbestand und sogar ein klein wenig feiner Sandstrand – das Licht und Luftbad im Stadtteil Niederrad ist eine wahre Oase am Main. Bereits im Jahr 1900 als echtes Flussbad eröffnet und bis 1938 als letztes Frankfurter Freibad für jüdische Bürgerinnen und Bürger in Frankfurt zugänglich, werkeln heute hier zum Wohle aller die Mitglieder der Transfer-Werkstatt sowie des Integrationsunternehmens Kombinat. Kürzlich wurde das als landschaftliche Schutzzone ausgewiesene Areal stadtwärts erweitert.

Niederräder Ufer 10, 60528 Frankfurt am Main, Tel. 06 9/67 73 36 53, www.lilu-frankfurt.de

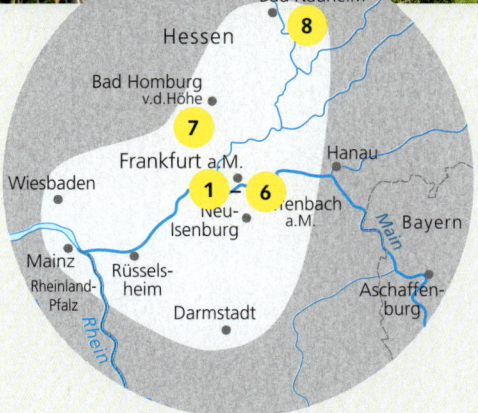

6 Brüning-Park

Am Saum des Höchster Schlosses zieht sich bis zum Mainufer hinab die weite, von einigen Bäumen beschattete Rasenfläche des Brüning-Parks. Direkt an seiner Flussseite befand sich einst die Schiffsmeldestelle. Inzwischen bietet die gleichnamige Sommerlounge dort Erfrischungen und die Möglichkeit, sich ganz entspannt seinen Liegestuhl im Grünen aufzubauen, den vorbeiziehenden Schiffen zuzuschauen oder den Blick gen Osten schweifen zu lassen, wo an der Wörthspitze Nidda und Main zusammenfließen.

Zwischen Bolongaro- und Batterie-Straße in Frankfurt-Höchst, (Höhe ehemalige Süwag), Schiffsmeldestelle: Tel. 06 9/30 08 84 44, www.schiffsmeldestelle.de

5 Hafen 2

Quasi als Tor zum neuen Offenbacher Stadtviertel Hafeninsel wuchs das Areal östlich der Kaiserleibrücke. Mit viel Grün, weiter Sand-(spiel)fläche, Liegestühlen und Apfelweinbänken bietet der „Hafen 2" nicht nur einen schönen Blick auf den Main, sondern auch Livekonzerte (mitunter schon am Nachmittag), Open-Air-Kino – und taugt durchaus auch für ein ruhiges Lesestündchen. Wer mag, legt sich am Flussufer einfach ins Gras.

Nordring 129, 63067 Offenbach, www.hafen2.net

7 Schlosspark Bad Homburg

Bereits im frühen 17. Jahrhundert existierte auf dem einstigen Burggelände ein regelmäßig angelegter Obstgarten. Ab 1680 ließ Landgraf Friedrich II. – der „Prinz von Homburg" – dann einen repräsentativen Barockgarten mit Orangerie anlegen; Ende des 18. Jahrhunderts wurde dieser zum englischen Landschaftspark umgestaltet, später mit exotischen Hölzern angereichert. Heutige Attraktionen des 12 ha großen Schlossparks mit Teich und Boskett sind u. a. die Rosenterrasse, die wiederhergestellten kaiserlichen Teppichbeete und die 1822 gepflanzten Libanonzedern – ein Geschenk des englischen Königs Georg II. an seine Schwester, Landgräfin Elisabeth.

Eingänge zum Park vom Hindenburg- und vom Hessenring sowie über die Herrngasse durch den Schlosshof. http://schloesser-hessen.de/badhomburg.html

8 Kurpark Bad Nauheim

Heinrich Siesmayer, dem Frankfurt seinen Palmengarten verdankt, zeichnete auch verantwortlich für die Anlage dieses 200 ha großen Landschaftsparks nach englischem Vorbild. Über die geschwungenen Wege längs des Flüsschens Usa gelangt der Spaziergänger unter uraltem Baumbestand zum großen Teich, auf dem sogar gerudert werden kann. Und am Teichhaus lädt der Biergarten zum Verweilen.

Zwischen Parks- und Terrassenstraße und Usa-Ufer

Kontraste auf engem Raum

Frankfurt ist Wiege und Motor der gesamten Wirtschaftsregion Rhein-Main. Hunderttausende Pendler kommen täglich zur Arbeit in die Multinationenstadt, deren Zentrum nur wenige Quadratkilometer umfasst. Ein Kern reizvoller Kontraste: uralt und zukunftsweisend, gemütlich und cool, unterhaltsam und bildend, mit viel Wasser und viel Grün – sowie einem eigenen Rhythmus, den es zu erspüren gilt.

Zweierlei Gründerzeiten treffen sich an Frankfurts Taunusanlage – die großbürgerliche und die des internationalen Finanzgewerbes.

Vis-à-vis am Frankfurter Kaiserplatz: das traditionsreiche, über 130 Jahre alte Hotel „Frankfurter Hof" und das Junior-Haus. 1951 galt es noch als sehr auffällig und war viel beachtet.

Die neugotischen Fassaden des Römer genannten Frankfurter Rathauses gehören zu den beliebtesten Sehenswürdigkeiten der Mainstadt.

Der Habsburger Kaiser Maximilian II. gehört zum Fassadenschmuck des Römers.

Das dem Historischen Museum benachbarte und um 1600 errichtete Haus Wertheim blieb als einziges Altstadtgebäude unzerstört.

Seit über 600 Jahren ist der Römer ein Machtzentrum, in dem Kaiser ein und ausgingen. Heute winken Fußballstars von seinem Balkon.

Wie alle Herzen, schlägt auch das von Frankfurt versteckt. Wer aus der Luft anreist, über die Schiene, via Autobahn, sieht von der Mainmetropole zunächst nur die prägnante zeitgenössische Skyline: Wolkenkratzer in allen Varianten, von bleistiftspitz bis käseschachtelrund. Eine Ahnung des historischen Stadtkerns vermittelt allenfalls der Glockenturm des Doms, dessen Spitze aus mancher Perspektive zwischen den verglasten, bekrönten, kühn geknickten oder in sich verdrehten Hochhäusern hervorlugt. Fast jährlich kommen neue hinzu, der Westside Tower am Rand des neuen Europaviertels zum Beispiel, der Neue Henninger Turm in Sachsenhausen, der Taunusturm in der Innenstadt oder der kühne Keil der Europäischen Zentralbank mitten durch die historische Großmarkthalle im Ostend. Weitere zukünftige Himmelsstürmer mit Bodenhaftung regelt der Frankfurter Hochhausplan.

Geschichte in Schichten

Kaum einen Plan und knapp tausend Schritte in jede Himmelsrichtung benötigt man, die Wiege der Freien Reichsstadt abzuschreiten. Schicht um Schicht der historischen Entwicklung wird dabei in dem kleinen Altstadtareal

zwischen Main und Zeil, Willy-Brandt-Platz und Kurt-Schumacher-Straße sichtbar: römische Anfänge, mittelalterliche Pracht und Enge, Gründerzeitspuren, Weltkriegswunden, geschlossen von traditionalistischen Rekonstruktionen, selten auch in authentischer 1950er-, 1960er-, 1970er-Jahre-Manier, noch seltener in klug abgewandeltem Bezug zum Einst.

Ein Gemisch mit Methode? Ein Spiegel auf jeden Fall auch des Alltagscharakters der Stadt, in der die Vielfalt der Kulturen seit alters her gelebt wird – nicht zuletzt dank des früh erblühten Messe- und Bankenwesens. Menschen aus mehr als 180 Nationen leben heute in Frankfurt; der Großteil arbeitet im Dienstleistungsgewerbe – am Flughafen, dem drittgrößten Europas, in der Werbewirtschaft, im IT- oder Literaturbetrieb, in den Firmenzentralen weltweit tätiger Banken- oder Versicherungskonzerne.

Paläste des Kapitals

Rund 300 nationale und internationale Geldinstitute haben ihren Sitz oder zumindest eine Niederlassung in Frankfurt, darunter auch die bereits 1472 gegründete Banca Monte dei Paschi di Siena, die älteste Bank der Welt. Und je nachdem, welche Folgen der Brexit

In der Frankfurter Paulskirche tagte 1848/1849 das erste frei gewählte deutsche Parlament. Im Feuersturm des Zweiten Weltkriegs zerstört, wurde der klassizistische Sandsteinbau zum 100-jährigen Jubiläum 1948 wiedererrichtet. Eine Postkartenansicht stellen Frankfurts neue und alte Türme dar – vom Bankenviertel bis zum Dom auf der rechten Seite.

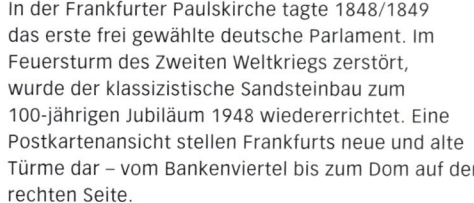

langfristig hat, könnte Frankfurts Bedeutung als Bankenstandort noch erheblich steigen. Auch Bundesbank und Europäische Zentralbank sind in der Mainmetropole angesiedelt. Bis 2008 war auch die Deutsche Wertpapierbörse in Frankfurt zu Hause – ihr erstes Gebäude stand 1585 unweit der Paulskirche. Inzwischen dient das „Parkett" des prachtvollen, von Heinrich Burnitz 1879 errichteten Palais der „Neuen Börse" hinter den Skulpturen von Bulle und Bär (Symbole für Hausse und Baisse) nur noch als Kulisse für TV-Beiträge. Für alle anderen Aktivitäten waren die historischen Räumlichkeiten bald zu eng; sie wurden ausgelagert.

Ja, Frankfurt pulsiert im Rhythmus des Geldes, aber ganz in der Stiftertradition ihrer Bürger lässt man auch in den Kathedralen des Kapitals oft Großzügigkeit zum Wohl von Wissenschaft und Kunst walten; mitunter auch zur Bekämpfung von Krankheit und Armut. Nahezu jedes große, zumindest der deutschen Geldinstitute hat in der Mainmetropole eine eigene Kunstsammlung aufgebaut, fördert Talente, unterstützt mit Ankäufen, Ausstellungen, Aktionen und Stipendien Maler, Bildhauer, Fotografen, Konzeptkünstler. Zu bestimmten Terminen sind die Sammlungsschätze der Öffentlichkeit zugänglich – ebenso mancher Hochhausturm, der sonst den in ihm Arbeitenden oder Wohnenden vorbehalten bleibt.

Bewegtes Sein

Money makes the world go round – aber es gibt auch in Frankfurt eine Zeit nach dem Dax oder Dow Jones, dem Cash Flow oder der Kapitalerhöhung. Und dieses „after work" hat viele Facetten. Zu Tausenden sausen allwöchentlich an einem Abend der Woche Skater durch die Stadt; Hunderte junger Menschen treffen sich in den angesagten Bars oder Apfelweinschänken, in den Sommerlounges auf Parkhausdächern oder am Ufer des Mains. Die Wege am Fluss, im Grüngürtel, in den Parks der City gehören den

Blick vom Opernturm auf das Bankenviertel

Seit 1991 steht die 21,5 Meter hohe Skulptur „Hammering Man" des amerikanischen Künstlers Jonathan Borofsky vor Frankfurts MesseTurm.
Auch stets im Blick nicht nur der Anleger: Deutsche Bank und Europäische Zentralbank

Viel Geld auf engstem Raum – das ist Frankfurts Bankenviertel.

Die Einkaufsgalerie MyZeil ist schon als Architekturerlebnis einen Besuch wert. Dynamismus nennt sich die Architekturströmung, deren Musterbeispiel 2009 eröffnet wurde.

Die Goethestraße ist ein feudales Shoppingpflaster.

Parkhausdächer im Dunstkreis von Mainhattan dienen nicht allein dem profanen Abstellen von Fahrzeugen.

Außenansicht des
Shoppingparadieses MyZeil

Spaziergängern und Joggern (von denen viele für einen der zahlreichen Charityläufe in Frankfurt oder gar den lokalen Marathon bzw. Triathlon trainieren); mitunter teilen sie das Terrain auch mit den Radlern, von denen die ambitionierten lieber gleich ins Umland ausweichen, in den Stadtwald, auf die Höhen des Taunus oder zumindest bis nach Höchst oder ins Maintal. Auf dem Fluss selbst ziehen Ruderer ihre Bahnen, im Einer, Zweier, Achter – diese traditionsreiche Sportart erfreut sich wieder enormen Zulaufs, vor allem unter den jüngeren Frankfurt-Bewohnern, liegen doch die Bootshäuser der Clubs fast alle im Citybereich.

Direkt vom Schreibtisch geht es am Freitagabend zu einer kurzweiligen Führung ins Museum.

Für den Kampf um Ball oder Puck indes begeistern sich alle Generationen. Regelmäßig zittern Einheimische wie „Eingeplackte" im traditionsreichen Waldstadion (heute: Commerzbank-Arena) um den Sieg der „Adler" – also der „Frankfurter Eintracht". Eine wachsende Fangemeinde verbucht auch der inzwischen recht ruhmreiche 1. FFC Frankfurt – der erste Frauen-Fußball-Club der Stadt. Ein dritter Verein, der schon 1899 gegründete FSV, spielt im Osten der Stadt, am Bornheimer Hang – ganz in der Nähe der noch einmal um fast vier Jahrzehnte älteren Eishockey-„Löwen", nunmehr Young Lions genannt, deren Spiel- und Trainingsstätte die Eissporthalle am Ratsweg ist.

Ein Kulturkaleidoskop

„Primetime" ist eine weitere Frankfurter Feierabendvariante. Direkt vom Schreibtisch geht es am Freitagabend zu einer kurzweiligen Führung ins

Kaiser Wilhelm I. soll zur Eröffnung 1880 nicht ohne Neid bemerkt haben,
etwas wie die Alte Oper könne er sich in Berlin nicht leisten.

Für die Show „Lady Salsa" proben kubanische
Tänzer und Tänzerinnen in der Alten Oper.

Goethes Vater Johann Caspar war Jurist, lebte aber von den Erträgen seines Vermögens.

Johann Wolfgang von Goethe wurde 1749 in wohlsituierte bürgerliche Verhältnisse geboren. Das Goethe-Haus am Großen Hirschgraben zeigt die Wohnkultur der damaligen Zeit.

Zu Goethes Zeiten bedeutete Frankfurt eher kulturelle Hausmannskost. Daher ging der junge Johann Wolfgang zum Studium gern ins welt-offenere Leipzig und nach Straßburg.

Museum. Auch die zahlreichen Kinos, Kneipen, Restaurants, Clubs und Disko-theken taugen bestens zum geselligen Entspannen.

Das Schauspiel mit immer wieder kühnen Inszenierungen und coolen Events, die seit geraumer Zeit immer wieder mit Auszeichnungen bedachte Oper, ein Konzerthaus, die Hochschule für Musik- und Darstellende Kunst, der legendäre Jazzkeller, in dem noch im-mer die Größen dieses Genres gastieren, die Dresden Frankfurt Dancecompany als dynamischer Nachfolger des legen-dären Forsythe-Ensembles, das Litera-turhaus an der Schönen Aussicht – wo im 19. Jahrhundert ganz in der Nähe lange Arthur Schopenhauer lebte (stets in Gesellschaft eines Pudels) und wo sein Philosophenkollege, der Weinhänd-lersohn Theodor Adorno (der übrigens auch als Komponist Bekanntheit er-langte), zu Beginn des 20. Jahrhunderts das Licht der Welt erblickte – all diese und eine Fülle weiterer Adressen für Un-terhaltung und kulturellen Genuss sind auf Frankfurts Innenstadtterrain oder zumindest an seinen Rändern versam-melt. Oft sind sie auch in interessanten Domizilen wie historischen Industrie-bauten oder an ungewöhnlichen Stellen untergebracht – zum Beispiel im Knei-penviertel Alt-Sachsenhausen.

Gegensätze als Konzept

Das Bahnhofsviertel hat sich von einer reinen Rotlicht- und Drogenzone zum Dorado für Clubgänger entwickelt; De-sign- und Künstlerhotels warten hier auf eine neue Kundenschicht. Kreativ-Ate-liers und türkische oder chinesische Su-permärkte, Kleinverlage und Hinterhof-moscheen sorgen für jene Atmosphäre, die letztlich für ganz Frankfurt gilt: das fruchtbare Neben- und Miteinander von Gegensätzen.

Die Stadt bezieht ihren Reiz aus ihren zahlreichen Kontrasten: Alt und Neu, Fremdes und Bekanntes, Luxus und Armut, Intellektualität und Bo-denständigkeit, Kommerz und Kultur, Grün und Beton. Urige Kneipen, nur einen Steinwurf von den Bankenpalä-sten entfernt, tischen smarten Managern deftige Kost auf wie bei Muttern. In den Glasfassaden des Computerstore spie-geln sich die Umrisse des gegenüber-liegenden Fachwerkhauses. Wo im Mit-telalter Tuch gemessen wurde, ist heute Comic-Kunst zu sehen. Und das Stand-bild des Frankfurter Dichterfürsten Jo-hann Wolfgang von Goethe wurde aus der beschaulichen Natur des Anlagen-rings mit der Nähe zu den „Kollegen" Schiller und Heine mitten auf den Ross-markt versetzt – zeitweise umgeben von der Ziegelmauer eines in Frankfurt

Frankfurts kulturelle Glanzlichter reihen sich südlich des Mains am Museumsufer. Darüber sollten aber nicht die Kunsthalle Schirn in Römernähe (unten links), das Museum für Moderne Kunst (ganz rechts und unten rechts) und die vielen Galerien der Altstadt vergessen werden – die Kai Middendorff Galerie (rechts) in der Niddastraße beispielsweise.

lebenden französischen Künstlers, immer gefasst von Architekturen vielerlei Epochen.

Bürgerliches Sammeln

Seinem Geburtshaus ist Goethe damit allerdings näher, mit dem an seiner Seite im Bau befindlichen Romantik-Museum sowie gut einer Handvoll weiterer großer Museen auf der Nordseite des Mains – teils in historischen Gebäuden, teils in Hüllen aus der Hand namhafter zeitgenössischer Architekten wie dem „Tortenstück" Hans Holleins für die Kunst unserer Zeit – ergänzt es die berühmten Sammlungshäuser gegenüber am Sachsenhäuser Ufer. Auch hier treffen die Namen großer Baumeister unserer Zeit mit jenen des 19. Jahrhunderts zusammen: Richard Meyer (Museum für Angewandte Kunst), Leonhard Romeis (Liebieghaus), Oswald Mathias Ungers (Deutsches Architekturmuseum), Oskar Sommer (Städelsches Kunstinstitut).

Einige der historischen Bauten am Schaumainkai, darunter jener des letztgenannten Semper-Schülers, erfuhren und erfahren im 20. und 21. Jahrhundert einen zeitgenössischen, mitunter recht spektakulären Um- oder Ausbau. Das Museum für Kommunikation machte den Anfang; jene für Film und Architektur zählen zu den jüngsten Kandidaten, ebenso wie das legendäre Städel – eines der bedeutendsten Kunstmuseen in Deutschland –, dessen neue unterirdische Räume mit bullaugenartigen Fenstern unter der Rasenfläche des Museumsparks liegen.

Insgesamt umfasst die Frankfurter Museumslandschaft übrigens fast fünf Dutzend Adressen, mehr als die Hälfte davon liegen im unmittelbaren Stadtgebiet. Bei der alljährlichen Nacht der Museen im Frühjahr stellen sich viele dieser Sammlung mit einem besonderen Programmangebot vor – durchschnittlich nutzen jeweils rund 40 000 Besucher die außergewöhnliche Gelegenheit.

FRANKFURTS ALTSTADT-REKONSTRUKTION

Disneyland Domhügel?

Frankfurts mittelalterlicher Kern wurde im Zweiten Weltkrieg bis auf ein einziges Fachwerkhaus zerstört. Die so historisch wirkende Ostzeile auf dem Römerberg entstand in den 1980er-Jahren neu. Nun sollen weitere Facetten der Altstadt rekonstruiert werden. Ein nicht unumstrittenes Unterfangen.

„Gute Architektur, schlechte Architektur – wer soll in Frankfurt entscheiden?" Unter diesem Motto hatte das Historische Museum der Stadt im Oktober 2010 zu einer öffentlichen Diskussion geladen. Auf dem Podium saß eine Handvoll Spezialisten aus den Bereichen Baukunst und Stadtplanung; im Parkett drängten sich interessierte Bürger. Was hatte sie so zahlreich erscheinen lassen? Ein jeder wusste, es würde an diesem Abend nicht um Architektur im Allgemeinen gehen, sondern um das brisante Thema der Altstadtrekonstruktion.

War da nicht schon mal was? In der Tat: Anfang der 1980er-Jahre, im Zuge der Errichtung der „Kultur-Schirn", erhielt Frankfurts Römerberg seine im Krieg zerstörte mittelalterliche „Ostzeile" auf dem Römerberg zurück und das Haus „Schwarzer Stern". Detailgetreu wurden die Fachwerkbauten rekonstruiert, inklusive Schnitzwerk und Decken aus Lehm-Stroh-Gemisch. Gut 35 Millionen Mark kostete das Unterfangen.

Neuer Anlauf

Nun, fast 30 Jahre später, ging es also nicht mehr nur um ein Häuserensemble, sondern um das gesamte Dom-Römer-Areal. „Den historischen Krönungsweg wieder herstellen", „sechs bis acht Fachwerkhäuser rekonstruieren" – so lauteten die

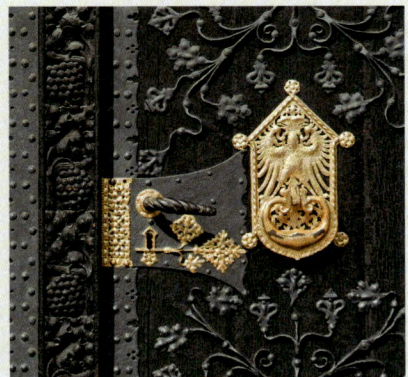

Historische Pracht wie hier am Rathausportal und neuerdings bauliche Rekonstruktionen prägen die Altstadt.

Schlagworte bei den Überlegungen. Auch ein „Stadthaus" war mit einem Mal im Gespräch – parallel zur Schirnkunsthalle, genau über dem Archäologischen Garten mit den Relikten römischer Badeanlagen und den Ruinen der karolingischen Kaiserpfalz.

Die Wogen schlugen hoch zwischen Befürwortern und Gegnern des Projekts. Verdichtung – und damit schattige Gassenenge wie einst – versus „neue Leichtigkeit", entstanden durch den Abriss des Technischen Rathauses, einem Beton-Klotz aus den 1970er-Jahren. Die Traditionalisten setzten sich durch. Und so reckt sich inzwischen nicht nur das Stadthaus auf dem Domhügel, sondern auch die Arbeiten für die 35 „Altstadthäuser" (15 Rekonstruktionen und 20 Neubauten) gehen planmäßig voran. Die Neubauten, so die Anforderungen, sollen „Bezug auf Merkmale der historischen Bebauung, etwa bei der Gestaltung der Erdgeschoss-Fassaden aus rotem oder gelbem Mainsandstein" haben, gleichzeitig aber klar erkennen lassen, „dass es sich um zeitgenössische Gebäude des 21. Jahrhunderts handelt". Die 15 Rekonstruktionen dagegen „bilden alle bedeutenden Epochen und Baustile ab, die auch in der historischen Altstadt zu finden waren". Gemeinsam sollen Rekonstruktionen und Neubauten das Altstadt-Flair in die historischen Gassen zurückbringen. Einige der neuen Wohnungen auf dem Areal sind bereits verkauft, und das Haus Markt 7 birgt künftig das Stoltze Museum.

Im Zuge der Altstadtneugestaltung wich auch der kantige Betonbau des Historischen Rathauses ei-

Mittelalterliche Gemütlichkeit beherrscht die Römer-Ostzeile, an die – modern interpretierend – bereits in der hinter der Schirn-Kunsthalle (modernes Gebäude Abbildung oben) gelegenen Saalgasse (Abbildung linke Seite) angeknüpft wird.

ner modernen architektonischen Lösung. Das neue Ausstellungshaus und ein kleineres Verwaltungsgebäude komplettieren die Präsentationen im Saalhof und im Rententurm.

Informationen

Auf der Website www.domroemer.de informiert die Stadt über die Baufortschritte auf dem Altstadtareal; Aktuelles zum Museumsneubau gibt es unter www.historisches-museum.frankfurt.de

Banken-Metropole mit Mittelaltercharme

Eine in Deutschland einzigartige Wolkenkratzer-Skyline. Ein Fluss, an dem das Leben pulsiert. Eine Altstadt, die das Einst und Jetzt auf engstem Raum versammelt. Mainhattan, aber auch: „mei goldisch Frankford". Geld und Genuss, Coolness und Gemütlichkeit.

● Römer- und Domberg

Frankfurts frühestes Leben keimte bereits 4000 Jahre v. Chr. auf dem heutigen Domhügel. Nach den Kelten hinterließen dort die Römer ihre Spuren. Franken, deren Durchquerung einer Untiefe (Furt) im Fluss die Stadt ihren Namen verdankt, siedelten weiter westl. auf dem Karmeliterhügel. In den nächsten Jahren soll die Altstadt ihren ursprünglichen kleinteiligen Charakter weitgehend zurückerhalten.

Hotel „Frankfurter Hof" am Kaiserplatz
Am Römerberg (rechts)

SEHENSWERT

Am **Römerberg** TOPZIEL ❷ mit der spätgotischen **Alten Nikolaikirche** (15. Jh.; tgl. 10.00–20.00, im Winter 10.00–18.00 Uhr, Glockenspiel 9.00, 12.00 und 17.00 Uhr), dem staufischen **Saalhof** (inzwischen Teil des neuen Historischen Museums) und den Ende der 1980er-Jahre rekonstruierten **Fachwerkhäusern** lässt sich Frankfurts mittelalterliches Zentrum noch gut erahnen. Sein Rathaus, vor dem seit dem 17. Jh. der Gerechtigkeitsbrunnen steht, wuchs aus diversen Bürgerhäusern, den Anfang machte das Trio Alt-Limpurg, Löwenstein und Römer. Im Kaisersaal (tgl. 10.00–13.00 und 14.00–17.00 Uhr) des **Römer** verewigten Künstler des 19. Jh. mehr als 50 europäische Herrscher, von Karl dem Großen bis Franz. II. Einzig original erhaltenes Fachwerkgebäude der Altstadt ist das um 1600 erbaute **Haus Wertheim** (Fahrtor 1, heute Restaurant). Der **Rententurm** (nach 1450) sicherte am Fahrtor einst den Hauptzugang vom Main zur Stadt; er grenzt an den Bernusbau (18. Jh.), um 1842 durch den Burnitzbau erweitert. Durch das Geistpförtchen gelangt man in die **Saalgasse**, wo moderne Stadthäuser in mittelalterlichen Ausmaßen einstmalige Altstadtenge und auch ihre Ornamentik nachvollziehen. Im wiederaufgebauten **Dom St. Bartholomäus** ❶ (Urspr. ab 1239; www.dom-frank-furt.de; tgl. 9.00–12.00 und 14.30–18.00 Uhr, Mittagszeit und Fr. vormittags nur Turmhalle) wurden ab 1356 die Könige des Heiligen Römischen Reiches Deutscher Nation und ab 1562 die deutschen Kaiser gekrönt. Vor dem Dom liegt das lange Zeit umstrittene neue Altstadtareal mit dem 2016 fertiggestellten Stadthaus, Fachwerkhaus-Rekonstruktionen und Neubau-

ten im historisierenden Stil. Östl. von St. Bartholomäus steht das ehem. **Dominikanerkloster** (ab 1233; heute Verwaltung, im Sommer Open-Air-Spielstätte des Volkstheaters). Wenige Schritte östl. liegt jenseits der Kurt-Schumacher-Straße der **Alte Jüdische Friedhof** (um 1270–1828).
Das einstige **Karmeliterkloster** (Münzgasse 9; westl. vom Römerberg) ist vor allem berühmt für die Fresken von Jörg Ratgeb aus dem 16. Jh. (www.stadtgeschichte-ffm.de; Führungen 3. So. im Monat). Aus einer mittelalterlichen Kaiserkapelle entwickelte sich ab dem 15. Jh. die romanisch-gotische **Kirche St. Leonhard** (Urspr. 1219; Alte Mainzer Gasse 23). In der 1948 wiedererrichteten **Paulskirche** (Urspr. bis 1844; tgl. 10.00–17.00 Uhr) tagte 1848/1849 das erste Parlament Deutschlands.

MUSEEN

Als Teil des neuen **Historischen Museums** (Eröffnung 2017) bergen auch Saalhof und Rententurm Teile der umfangreichen Sammlung (Saalhof 1, Di.–So. 10.00–17.00 Uhr, Mi. bis 21.00 Uhr,

www.historisches-museum-frankfurt.de). Kirchenschätze vom 15. Jh. bis heute versammelt das **Dommuseum** ❶ im mittelalterlichen Kreuzgang (Domplatz 14, Tel. 069/13 37 61 86, www.dommuseum-frankfurt.de; Di.–Fr. 10.00 bis 17.00, Sa./So. 11.00–17.00 Uhr). Im Leinwandhaus von 1399 residiert das nahe **Museum Komischer Kunst Caricatura** (Weckmarkt 17, Tel. 069/21 23 01 61, www.caricatura-museum.de; Di., Do., Fr. 11.00–18.00, Mi. 11.00–21.00, Sa./So. 10.00–18.00 Uhr). Relikte des jüdischen Ghettos sind an authentischer Stelle im 2016 in neuer Form eröffneten **Museum Judengasse** ⓭ zu sehen (Battonnstr. 47, Tel. 069/2 97 74 19, www.juedisches museum.de; Di. 10.00–20.00, Mi.–So. 11.00 bis 18.00 Uhr). International gerühmte Wechselausstellungen der Moderne zeigt die **Kunsthalle Schirn** ❷ (Römerberg, Tel. 069/ 2 99 88 20, www.schirn.de; Di. und Fr.–So. 10.00–19.00, Mi. und Do. 10.00–22.00 Uhr). Zeitgenössische Entwicklungen dokumentiert der **Kunstverein** im Steinernen Haus (Markt 44, Tel. 069/2 19 31 40, www.fkv.de; Di./Mi., Fr.

Freier Blick statt fester Mauern, frische Luft und reiches Grün: Das erste Stück der Wallanlagen war eine Sensation für die Frankfurter.

11.00–19.00, Do. 11.00–21.00, Sa./So. 10.00 bis 19.00 Uhr). Die ehem. Karmeliterklosterkirche beherbergt als Teil des **Archäologischen Museums** ❸ u. a. Funde aus der römischen Siedlung Nida (Karmelitergasse 1, Tel. 069/ 21 23 58 96, www.archaeologisches-museum. frankfurt.de; Di.–So. 10.00–18.00, Mi. 10.00 bis 20.00 Uhr).

● Beiderseits der Zeil

Um 1200 war die Stadt schon deutlich gewachsen; an den Verlauf des damaligen Mauerrings erinnern Straßennamen wie Hirsch- und Holzgraben. Ende des 16. Jhs. wurde der staufische Graben zugeschüttet und die Südseite der Zeil bebaut. Das 18. Jh. brachte den Bau der Wachen, das 19. Jh. den eines Palastes für den Geldhandel, das 20. Jh. die Warenhäuser.

SEHENSWERT

Parallel zur oberen Fahrgasse stehen Reste des mittelalterlichen **Mauerrings** ⓬ (An der Staufenmauer). Am westl. Ende der modern gestalteten **Einkaufsmeile Zeil** ⓬ mit dem angrenzenden neuen **Palais-Quartier** (Große Eschenheimer Straße) wurde die **Hauptwache** ❿ wiedererrichtet (17./18. Jh., heute Café). Kürzlich wurde auch der Parketthandel in der 1843 eingeweihten **Börse** ❾ beendet (Börsenplatz 4; an allen Handelstagen kann um 10.30 und 12.30 Uhr von der Besuchergalerie der Parketthandel beobachtet werden). Am südl. anschließenden **Rossmarkt** erinnert das Gutenbergdenkmal (1854) an Frankfurts Tradition als Druckerstadt. Hinter der nach 1945 wiedererbauten evangelischen **Katharinenkirche** (17. Jh.) liegt der

Tipp

Bahnhofsviertel-nacht

Wie facettenreich das Bahnhofsviertel ist, zeigte es viele Jahre während einer Sommernacht an bis zu 30 Stationen. Inzwischen liegt der Termin Anfang September. Die Programmpalette reicht von Weltmusik bis Kunstinstallation; Bars, Bordelle, Banken, Büros, Hotels, Loge, Moschee, Künstlerateliers und Läden begrüßen Kunstinteressierte zwischen 19.00 und 23.00 Uhr.

Programm bei der Tourist-Information, Kaiserstraße 56, Tel. 089/21 23 88 00, www.frankfurt-tourismus.de

Liebfrauenberg mit der **Liebfrauenkirche** (ab 14. Jh.) und dem Kloster der Kapuziner und Franziskanerinnen (Schärfengässchen 3), wo gleichermaßen Musik und Obdachlosenhilfe auf der Tagesordnung stehen. In der **Kleinmarkthalle** aus den 1950er-Jahren (Mo.–Fr. 8.00 bis 18.00, Sa. 8.00–16.00 Uhr) lässt sich einkaufen, essen und trinken. Am 1872 angelegten Kaiserplatz reckt sich der von Norman Foster konzipierte **Commerzbank-Tower** ❺ auf 259 m Höhe. Zudem steht hier das traditionsreiche „Grandhotel Frankfurter Hof" (1876).

MUSEEN

Das **Goethe-Haus** ❼ spiegelt Wohnkultur des 18. Jhs., sein Museum die künstlerische Entwicklung dieser Zeit (Großer Hirschgraben 23, Tel. 069/13 88 00, www.goethehaus-frankfurt. de; Mo.–Sa. 10.00–18.00, So. 10.00–17.30 Uhr, Führungen tgl. 14.00 und 16.00, Sa./So. auch 10.30 Uhr). Von Pop-Art bis zu aktuellen Tendenzen reicht die Werkpräsentation des **Museums für Moderne Kunst** ⓫ in seinem markanten Dreiecksbau im gegenüberliegenden ehem. Zollamt (Domstraße 10, Tel. 069/ 21 23 04 47, www.mmk-frankfurt.de; Di.–So. 10.00–18.00, Mi. 10.00–20.00 Uhr).

EINKAUFEN

Als noble Ergänzung zur **Kaufhausmeile Zeil** versammeln die **Goethestraße** sowie das neue **maro-Quartier** (beide Nähe Alte Oper) nahezu alle großen internationalen Designer. Antikes, Kurioses und Kunst findet man in den Läden und Galerien der **Braubachstraße**.

● An den Wallanlagen

Freier Blick statt fester Mauern, frische Luft und reiches Grün: Das erste Stück der Wallanlagen war eine Sensation für die Frankfurter. Bis 1807 standen rund um den Stadtkern Festungswerke; Stadtgärtner Sebastian Rinz begann den 5 km langen Parkring im Stil englischer Landschaftsgärten anzulegen. Gebaut werden darf nur an seinen Rändern.

SEHENSWERT

Wie kaum ein zweiter Abschnitt der Wallanlagen wird jener zwischen Münchener Straße und Taunusanlage von den Wolkenkratzern des Bankenviertels flankiert. Ein riesiges Eurozeichen verweist gleich am Südzipfel auf den **Eurotower**, bis 2014 Sitz der Europäischen Zentralbank. Galileo, Skyper, die Garden Towers, das Japan-Center setzen den Reigen fort. Als einziger der modernen Türme ist der **Maintower** ❻ mit einer Aussichtsplattform ausgestattet (Neue Mainzer Straße 52–58, www.maintower.de; Sommer So.–Do. 10.00 bis

Gutenberg-Denkmal am Rossberg
Alter Jüdischer Friedhof: Seit dem 12. Jh. leben in Frankfurt Bürger jüdischen Glaubens.

21.00, Fr./Sa. 10.00–23.00 Uhr, im Winter jeweils zwei Std. kürzer). Unweit der Spiegelfassaden von „Soll & Haben", den Zwillingstürmen der Deutschen Bank (Taunusanlage 12), steht die aus einem Monolith gemeißelte Granit-Skulptur „Kontinuität" des Schweizer Künstlers Max Bill. Im Zweiten Weltkrieg zerbombt, wurde die **Alte Oper** TOPZIEL ❽ (Opernplatz, www.alteoper.de) im Renaissancestil wiedererbaut.

Am Opernplatz mündet von Osten die **Fressgass** (Große Bockenheimer Straße und Kalbächer Gasse) mit Bistros, Bars und Läden in historischen wie hochmodernen Bauten.

In der ehem. **Allianz-Villa** (1898–1900, Taunusanlage 20, heute ein Edelrestaurant), stehen die Tische u. a. um die prachtvolle Freitreppe unter einer Atrium-Kuppel.

Das **Nebbiensche Gartenhaus** (Bockenheimer Anlage, Nähe Hilton-Hotel, www.frank -furter-kuenstlerclub.de), 1810 für den Verleger Marcus Nebbien erbaut, dient heute kulturellen Publikumsveranstaltungen. Von den Statuen und Gedenksteinen in den Wallanlagen sind zwei besonders herausragend: das **Philipp-Reis-Denkmal** in der Eschenheimer Anlage – in Frankfurt führte der Telefon-Erfinder 1861 erstmals öffentlich einen Prototypen seines Fernsprechers vor – und die Erinnerungstafel für **Carl Constanz Victor Fellner** in der Friedberger Anlage; Fellner war der letzte Bürgermeister der Freien Stadt Frankfurt, suchte im Sommer 1877 in seinem Haus an der Seilerstraße den Freitod, weil er die Forderungen der preußischen Besatzer nicht mit seinen Verpflichtungen den Bürgern Frankfurts gegenüber vereinbaren konnte. In der klassizistisch wiedererbauten **Alten Stadtbibliothek** zwischen Rechneigrabenweiher und Mainufer hat das **Literaturhaus** sein Domizil (Schöne Aussicht 2, www.literaturhaus-frankfurt.de).

OPER, THEATER UND VARIETÉ

Seit 1960 sind **Oper** (Untermainanlage 11, Tel. 069/21 24 94 94, www.oper-frankfurt.de) und **Schauspiel** (Neue Mainzer Straße 17, Tel. 069/21 24 94 94, www.schauspielfrankfurt.de) als **Städtische Bühnen** hinter einer Glasfassade vereint. Keimzelle der Oper war das Comoedienhaus (1782) am Rossmarkt; nach 1945 fanden die Aufführungen in der Börse statt, schließlich am historischen Standort am Theaterplatz (heute Willy-Brandt-Platz). Anspruchsvolle Boulevard-Stücke zeigt die **Komödie** (Neue Mainzer Straße 14–18, Tel. 069/28 45 80, www.diekomoedie.de). Satire ist in der **Schmiere** (Seckbächer Gasse 4, Tel. 069/28 10 66, www.die-schmiere.de) zu Hause. Im **Tigerpalast** (Heiligkreuzgasse 16–20, Tel. 069/920 02 20, www.tigerpalast.de) lebt Frankfurts Varieté-Tradition wieder auf.

● Rund um den Bahnhof

Der namengebende Eisenbahntempel war im 19. Jh. einzigartig in Europa, das Viertel das mit dem höchsten Renommee in der Stadt. Bis heute ist es reich an gründerzeitlichen Bauten und erfreut sich trotz Rotlicht- und Drogenszene wachsender Beliebtheit – vor allem bei Künstlern und Kreativen. Alteingesessene Betriebe mischen sich hier mit coolen Bars und Designhotels. Läden und Restaurants dutzender Ethnien sorgen für einen Schuss Exotik.

SEHENSWERT

Als Centralbahnhof anstelle der vorhandenen drei Westbahn-Endhaltepunkte an der Gallusanlage konzipiert, lag der **Hauptbahnhof** ❹ bei seiner Eröffnung 1888 noch außerhalb der Stadt. Heute kommen und gehen täglich 350 000 Menschen auf den zwölf Bahnsteigen; unter ihnen liegt die Ebene eines der wichtigsten S- und U-Bahn-Knotenpunkte der Stadt. Wo einst der Pelzhandel florierte, in der Nidda- und Taunusstraße, haben sich Architektenbüros, Kommunikations-, Foto-, Fahrrad- und Musikinstrumentenspezialisten etabliert. Über die multikulturelle Münchener Straße mit ihren Hinterhofmoscheen, Friseuren, Döner-, und Chinalokalen, ihren türkischen, pakistanischen, marokkanischen Lebensmittelläden, geht es zum Main, wo der **Holbeinsteg** von Albert Speer einen schwebenden Bogen für Fußgänger hinüber zum Museumsufer schlägt. Am Untermainkai lässt das **Nizza** mit seiner Fülle südländischer Pflanzen keinen Zweifel, dass die Côte-d'Azur-Stadt zu Recht Pate stand für diese Grünanlage, die Ende des 19. Jhs. anstelle des Winterhafens entstand.

UNTERHALTUNG

Für Broadwayatmosphäre oder Londonfeeling im Bahnhofsviertel sorgt das **English Theatre** (Gallusanlage 7, www.english-theatre.de). (Live-)Musik und Cocktails gibt es im **Orange Peel** (Kaiserstraße 39, www.orange-peel.de). Auf der oberen Kaiserstraße ist Di. und Do. **Wochenmarkt** (9.00–19.00 Uhr).

Auf die Barrikaden!

DuMont
Aktiv

Frankfurt wäre beinahe Hauptstadt der Bundesrepublik Deutschland geworden – denn es hat eine lange demokratische Tradition. Wie es dazu kam, was der Paulskirchenversammlung im Mai 1848 vorausging und folgte: Eine Themen-Stadtführung erhellt es.

„Guten Tag, ich bin der Jean. Schiebkärrcher aus Sachsenhausen." Mit diesen Worten stellt sich Alexander Ruhe dem Grüppchen vor, das sich auf dem Römerberg um ihn versammelt hat. Stilgerecht gekleidet in schwarzes Tuch – mit schwarz-rot-goldener Tresse an der Brust – nimmt uns der Guide mit auf die Reise ins Frankfurt des 19. Jahrhunderts. Im Geiste zunächst geht es zur Hauptwache, zur Konstabler Wache und zum Palais von Thurn und Taxis. Mit dem Sturm dieser Gebäude wollte eine Gruppe von Burschenschaftlern und Offizieren, die sich beim Hambacher Fest zusammengefunden hatten, bereits 1833 ein Signal zur demokratischen Erhebung in ganz Deutschland setzen. Ihr Plan scheiterte. Weiter führt der Weg zum Rententurm, wo die beim Wachensturm verhafteten Revolutionäre einsaßen.

Über den Eisernen Steg gehen wir über den Main. In der dortigen Löhergasse begann der „Brötchenkrieg", und in Sachsenhausen sperrten im September 1848 die Barrikaden der radikalen Demokraten die Alte Brücke, den wichtigsten Zugang zur Stadt. Ein gewisser Herr Schopenhauer hatte die von der Nationalversammlung zu Hilfe gerufenen Bundestruppen damals um die Barrikaden herumgeschleust, sodass sie die Erhebung niederschlagen konnten. Letzte Station der Tour sind die Paulskirche und die 1980er-Jahre mit dem Rundgemälde „Ein- und Auszug der Parlamentarier" von Johannes Grützke.

Weitere Informationen

Angeboten werden diese Kostümführungen für Gruppen sowie eine Fülle von Einzeltouren von der Kulturothek

Frankfurt (An der Kleinmarkthalle 7–9, Tel. 069/28 10 10, www.kulturothek-frankfurt.de).

Im 17. Jahrhundert lebte Johann Hektor von Holzhausen, der seine Gäste aus dem 21. Jahrhundert durch das Frankfurt der Patrizier und Ratsherren führt.

Studenten-volk und Alte Meister

Dörfliche Enge, großbürgerliche Eleganz, blühende Parks, eine Perlenkette von Museen, das Flussufer als Freizeitzone – rund um seinen historischen Kern und das Viertel der Bankentürme zeigt sich Frankfurts hohe Lebensqualität in besonderem Maße. Hier in den mainnahen Vierteln wird gewohnt statt verwaltet, hier trifft Geschichte auf Geschichten, paart sich Muße mit sportlicher, kultureller und wissenschaftlicher Aktivität.

Einen Spaziergang durch 700 Jahre europäische Kunstgeschichte bietet das Städel Museum.

Zu den großen Grünflächen Frankfurts gehört
auch der Hauptfriedhof in Bornheim.
Aus dem 15. Jahrhundert stammt der Eschenheimer
Turm am Eschenheimer Tor, letzter von einst rund
60 Türmen der wehrhaften Stadtbefestigung.
Ein Bogengang aus rotem Backstein ziert die
Nationalbibliothek.
Straßencafés säumen die Berger Straße.

Seit jeher ist Sachsenhausen ein gastfreundliches Viertel – wie hier im Neuen Wall.

Gelebt wird in den Vierteln – doch der Blick ist immer auch auf die City gerichtet, wo gearbeitet wird.

Frankfurt lebt in seinen Vierteln. Die City ist vorwiegend Arbeitsgebiet. Auf rund 200 Hektar Fläche zählt sie gerade mal 3500 Bewohner – und wenn die Banker ihre Schreibtischlampen ausschalten, die Geschäfte ihre Türen schließen, die Touristen wieder in die Reisebusse klettern, wird es recht still in der Mitte der Wirtschaftsmetropole.

Lustiges Dorf

An warmen Tagen gleicht die Berger Straße einer mediterranen Flaniermeile: Überall stehen Tische, Stühle und Bänke im Freien, und fast immer gibt es mehr Wartende als freie Plätze. Die „Bernemer Zeil", wie Einheimische die gut drei Kilometer lange Verbindung zwischen Friedberger Anlage und Wilhelmshöher Straße nennen, zieht sich durch das – weitgehend gründerzeitliche – Nordend über den Marktplatz am sogenannten Uhrtürmchen bis hinauf nach Alt-Bornheim mit seinen Fachwerkbauten. Traditionelle Apfelweinwirtschaften säumen sie ebenso wie zeitgenössische Cafés und Bars; alteingesessene Geschäfte wechseln sich an ihren Rändern mit Ladenketten und kleinen Geschäften für Mode, Geschenkartikel, Papierwaren, Obst und Bücher, mit Frisörsalons und Schmuckwerkstätten ab.

Im Süden noch eher großstädtisch und breit, verengt sich die „Berger" in Richtung Norden zu geradezu dörflicher Enge. Tatsächlich war Bornheim auch bis 1877 eine eigenständige Gemeinde – das „lustige" Dorf nannte man es oft. Denn hier wurde beim süffigen „Stöffche" aus vergorenen Äpfeln ausgelassen gefeiert.

Jüdische Spuren

Noch bevor das auf einstigem Acker-, Wiesen-, Wald- und Weinbergterrain sich erstreckende heutige Nordend mit seinen zu Parks umgewandelten, teils auf römische Landvillen zurückgehenden Gutshöfen durch den Plan von Oberbürgermeister Franz Adickes sein Gesicht des 20. Jahrhunderts erhielt, entstand im benachbarten Osten zwischen dem Tiergarten und der Hanauer Landstraße ein neues Stadtviertel mit Wohnungen in Mietshäusern mit Höfen und Gärten.

Unter den vielen Frankfurtern, die aus der engen Altstadt hierher umzogen, befanden sich auch zahlreiche Bürger jüdischen Glaubens. Bereits um 1895 hatte das Ostend mit knapp 45 Prozent den höchsten städtischen Anteil an jüdischer Bevölkerung. Die Synagoge im Baumweg besteht bis heute. Die an der Friedberger Anlage, erbaut zwischen 1905

Der Grüneburgpark mit seinem koreanischen Garten und der Palmengarten gehören zu den großen Grünanlagen im Frankfurter Westend. Der Pflanzen- und Tierwelt ist auch das bekannte Senckenberg-Museum gewidmet – wenn auch aus naturhistorischer Sicht.

und 1907, wurde am 9. November 1938 in der Pogromnacht von den Nazis – die in Martin Elsässers Großmarkthalle an der Sonnemannstraße, dem neuen EZB-Domizil, jüdische Bürger zur Deportation ins KZ zusammentrieben – zerstört. Auf den Fundamenten der Synagoge erbauten französische Kriegsgefangene 1942 einen bis heute erhaltenen Bunker als Schutzraum der Zivilbevölkerung.

Struwwelpeters Heimat

Vor dem Bau der Westendsynagoge ab 1908 zählte die Synagoge nahe dem Zoo zusammen mit der am Börneplatz zu den prächtigsten der großen jüdischen Gotteshäuser in Frankfurt. Das Westend selbst, in den 1970er-Jahren geschätztes Spekulationsobjekt und in der Folge Schauplatz erbitterter Häuserkämpfe und Ursprungsort der deutschen Hausbesetzerbewegung, ist heute ein ruhiges Pflaster. Das Viertel unweit der Bankentürme der City ist geprägt von schicken Restaurants und Cafés. Im Poelzig-Bau, dem ehemaligen IG-Farben-Domizil, sind heute einige Fakultäten der Universität untergebracht – nach 1945 war er unter General Dwight D. Eisenhower US-amerikanisches Hauptquartier.

Bevor Deutschlands seinerzeit größtes Chemieunternehmen ab den 1930er-Jahren von hier aus verwaltet wurde, stand auf dem Areal eine modellhafte psychiatrische Klinik – konzipiert von einem gewissen Doktor Heinrich Hoffmann. Im Mai 1864 zog der Frankfurter Mediziner mit seinen Patienten in die neue „Anstalt für Irre und Epileptische" auf dem „Affensteingelände". Damals hatte sich Hoffmann bereits nicht nur als Arzt einen Namen gemacht, sondern auch als Publizist: mit dem Kinderbuch „Der Struwwelpeter". Es war ursprünglich übrigens gar nicht für die Öffentlichkeit gedacht – sondern als Weihnachtsgeschenk für Hoffmanns dreijähriges Söhnchen Carl. Hoffmann hatte nicht nur die Texte formuliert, sondern das Werk auch mit eigenhändigen Zeichnungen bestückt. Einige von ihnen wa-

Zum Städel Museum gehört der Portikus – ein Tor zur zeitgenössischen Kunst.

Der Holbeinsteg führt über den Main zur 1878 eröffneten Stiftung des Kaufmanns Johann Friedrich Städel, heute ein Kunstmuseum von Weltrang.

Liebieghaus: Seit 1907 dient die historisierend errichtete Villa als Domizil der städtischen Skulpturensammlung.

Im Café des Museums für Angewandte Kunst, eine der Perlen des Museumsufers, lässt sich gemütlich über das Erlebte sinnieren.

Frankfurter Grüne Sauce

Special

Sieben Kräuter und viel Fantasie

Sie hat ein eigenes Denkmal und ein eigenes Festival, auf allen Speisekarten traditioneller Apfelweingaststätten zählt sie zu den tragenden kulinarischen Säulen: Die „Grüne Soße" – im Dialekt „grie Sooss" – gehört zu Frankfurt wie der Apfelwein.

Um ihren Ursprung ranken sich Legenden. Goethes Mutter, das ist sicher, hat sie nicht erfunden. Im Fokus stehen vielmehr die Menschen des vorderen Orients. Römische Legionäre brachten deren Rezeptur mit nach Italien; von dort gelangte die „Salsa verde" über die Alpen. Eine andere Quelle nennt die französische „Sauce verte", mitgebracht von den Hugenotten. Ein gedrucktes Rezept findet sich erstmals im „Frankfurter Kochbuch" (1860) einer gewissen Wilhelmine Rührig – längst sind mehr als zwanzig Varianten der kalten, zu Ochsenbrust oder gekochten Eiern

Frankfurter Spezialität: die „Grüne Soße"

gereichten Tunke bekannt. Sieben „heilige" Kräuter müssen jedenfalls hinein: Petersilie, Kerbel, Borretsch, Pimpinelle, Kresse, Schnittlauch und Sauerampfer. Daran hat sich auch die Künstlerin Olga Schulz bei ihrem Denkmal im Gärtner-Viertel Oberrad gehalten. Und beim Grüne-Soße-Festival (www.gruene-sosse-festival. de) kann man die verschiedenen Zubereitungen kosten.

ren bei früheren Konsultationen kranker Kinder entstanden – um die Kleinen zu beruhigen oder von notwendigen Untersuchungen abzulenken.

Dribbdebach

Frankfurts größtes Stadtviertel liegt am Südufer des Mains – also jenseits des Flusses, vom Römerberg aus gesehen. „Dribb de Bach", sagen die Einheimischen, und zwar meist in einem Atemzug. Und sind doch stolz auf die dortigen Zeugnisse von Geschichte und Kultur. Schon Goethe frequentierte das Viertel der um die mittelalterlichen Ritterhöfe – Große und Kleine Rittergasse, Paradies- und Klappergasse – ansässigen Weinbauern, Gärtner, Küfer und Schiffer, sprach in den Schenken gern dem Apfelwein zu und verlustierte sich mit der Bankierstochter Marianne von Willemer im Sommerhaus des Gatten an der Gerbermühle oder im romantischen Willemerhäuschen auf dem vom Stadtwald bekrönten Sachsenhäuser Berg. Paul Hindemith, der an der Frankfurter Oper als Konzertmeister wirkte und als bedeutender Vertreter der musikalischen Moderne gilt, lebte ab 1928 für zehn Jahre im sogenannten Kuhhirtenturm, dem einzigen noch erhaltenen Wehrturm Sachsenhausens.

Westlich des mittelalterlichen Sachsenhausen – es reichte seinerzeit nur bis

Vor dem Holbeinsteg über den Main breitet sich die Frankfurter Skyline aus. Der das Mainufer flankierende Obermainkai ist zugleich ein beliebter Radweg. Zur modernen Kulisse am Westhafen gehören natürlich trendige Lounges.

Über eine lange Zeit hat der Westhafen an wirtschaftlicher Bedeutung verloren. Konsequent wurde er zum modernen Wohnviertel am Wasser umgestaltet. Vom südlichen Mainufer geht der Blick hinüber auf Frankfurts Altstadt mit dem Dom.

In und an den beiden alten Binnenhäfen Frankfurts entstanden neue Wohnquartiere mit zentraler und attraktiver Lage am Main.

zur heutigen Wallstraße – entstanden im späten 19. Jahrhundert elegante Villen am Fluss und dahinter ein ganzes Areal vornehmer Mehrfamilienhäuser. In einem von ihnen – an der Schweizer Straße 3 – logierte lange Zeit der expressionistische Maler und Zeichner Max Beckmann. Bereits 1915 ließ er sich in Sachsenhausen nieder, ab 1925 bis zu seiner fristlosen Entlassung durch die Nationalsozialisten im April 1933 leitete er an der Kunstschule des nahen Städel Museums das Meisteratelier. Zwei der berühmtesten Stadtansichten des Künstlers entstanden in diesen Jahren: „Die Synagoge", heute im Städel, und „Der Eiserne Steg".

Klein-Ascot Zickzackhausen

Weit über diese Stahlfachwerk-Fußgängerbrücke hinaus in Richtung Mainmündung liegt Niederrad. Ab 1865 war das Viertel plötzlich „angesagt", wurde doch die Galopprennbahn eröffnet, auf der mehr als 150 Jahre lang edle Rosse um den Sieg wetteiferten. Um ganz anderes geht es bei der 1887 in Betrieb genommenen Großkläranlage: So prosaisch ihr Zweck ist, der herrliche Jugendstilbau mutet im Inneren fast wie ein sakraler Raum an. Ein weiteres Architekturzeugnis ist die Siedlung Bruchfeldstraße aus den 1920er-Jahren – wegen ihrer sägezahnförmigen Blockbebauung liebevoll „Zickzackhausen" genannt.

APFELWEIN

Ein ganz besonderes Stöffche

Ob sortenrein gekeltert oder gemischt aus Braeburn, Jonagold oder Coxorange und kombiniert mit anderen Früchten – Frankfurts Nationalgetränk funkelte schon vor mehr als 500 Jahren im Glas.

Seit 1977 lässt sich mit dem Ebbelwei-Express ganz Frankfurt erkunden.

Der Herr Stadtkämmerer mag ein wenig übertrieben haben, als er im Kaisersaal des Römers Frankfurt zur „Europäischen Hauptstadt des Apfelweins" erklärte. Aber die Veranstaltung, in deren Rahmen der Politiker dem stolzen „Mainhattan" diesen besonderen Metropolen-Titel verlieh, machte durchaus deutlich, dass das hessische „Nationalgetränk" auf dem besten Wege ist, sich von seinem sauren Image zu befreien – „schmeckt erst nach dem dritten Glas" – und sich zur ernstzunehmenden Spezialität zu wandeln.

Fast drei Dutzend Keltereien, das Gros davon aus Hessen, aber auch aus Frankreich, Österreich, der Schweiz und Kanada, nahmen an der von zwei engagierten Apfelweinherstellern ins Leben gerufenen Jahrgangspräsentation in den Rathaushallen teil (inzwischen ist die Veranstaltung mit mehr als hundert Teilnehmern zur Messe Apfelwein International gewachsen und ins restaurierte Ge-

sellschaftshaus des Palmengartens umgezogen). Und zwar nicht nur mit ihren „Hausschoppen", sondern vor allem mit sortenrein gekelterten Varianten, mit Secco, Cidre, Sherry vom Apfel und anderen, still funkelnden oder schäumend perlenden Köstlichkeiten.

„Stöffche"-Varianten

Da staunte das Publikum, und auch die zahlreichen Fachbesucher – Sommeliers, Weinhändler, Gastronomen – zeigten sich durchaus verwundert ob der Vielfalt der „Stöffche"-Varianten: golden und roséfarben,

halbtrocken und fruchtig, als Eis- und Dessertwein, kombiniert mit Birne, Quitte, Mispel, Eberesche, Holunder, gemeinsam vergoren mit Schlehe oder Schwarzdorn, gemischt mit Rieslingsekt, Rosenwasser, Akazienhonig, einem Hauch frischen Johannisbeersafts, im Eichenfass ausgebaut oder nach der klassischen Champagnermethode in der Flasche vergoren.

Michael Stoeckel strahlt. Sein Ziel, dem Apfelwein „eine Bühne zu geben", hat er auch an diesem Sonntag wieder erreicht. Selbst Betreiber eines ApfelWeinBistrorants und „Deutschlands erster Apfelweinsommelier",

Heute wird Apfelwein sogar in Sternerestaurants kredenzt. Grundvoraussetzungen für die Produktion solch edler Tropfen sind eine intensive Baumpflege und eine sorgfältige Auswahl der Früchte.

In Alt-Sachsenhausens
Gassen wie dem Neuen
Wall reihen sich die
Apfelweinlokale.

will der Visionär aus dem Taunus wie sein Mitstreiter Andreas Schneider vom gleichnamigen Obsthof in Bad Vilbel, das „Stöffche" weiter kultivieren. Er moderiert selbst Apfelweinproben für kleine Gruppen ab sechs Personen und möchte Apfelweinspezialitäten in feinen Gläsern und ebensolchen Flaschen „in Bars bringen, in Vinotheken, auf die Weinkarten gehobener Restaurants" – möglichst auch über Frankfurts Einzugsgebiet hinaus.

Erben der Traubenwinzer

Tatsächlich arbeiten die neuen Apfelweinkelterer genau wie Traubenwinzer. Kein Wunder, denn den einst am südlichen Frankfurter Mainufer ansässigen Weinbauern, Gärtnern und Küfern ist letztlich

auch die lokale Apfelweintradition zu verdanken – schon um 1500 begannen diese Familien, Wein aus Äpfeln herzustellen. Denn klimatische Veränderungen und später die Reblaus sorgten für den Niedergang der traditionellen Frankfurter Weinkultur und brachten deren Träger auf innovative Ideen.

Ursprünglich nur für den Eigenbedarf gekeltert, erfreute sich der Apfelwein bald immer größerer Beliebtheit – und so ordneten Frankfurts Stadtväter 1641 nicht nur an, dass die Apfelweinausschanke mit einem Kranz aus Fichtenzweigen und einem Apfel in der Mitte zu kennzeichnen seien, sondern erhoben auch Steuern auf das neue Volksgetränk.

„Süßer", „Rauscher", „Neuer"

„Wo's Kränzche hängt, wird ausgeschenkt" – dieser Satz gilt bis heute. Selbst gekelterter Apfelwein indes fließt nur noch bei wenigen Wirten aus dem Fass in den Bembel, den typischen graublauen Steinkrug. Eingefleischte „Schobbepetzer" kennen natürlich die Adressen. Hier türmen sich im Herbst die Kelteräpfel im Hof, und wenige Tage später können die Gäste den frisch gepressten „Süßen" verkosten. Bald darauf wandelt er sich zum moussierenden „Rauscher". Der klare „Neue" bzw. „Neue Helle" wird meist an Neujahr erstmals angeboten.

Fakten & Informationen

Sechs Liter Apfelwein lässt sich ein jeder Hesse derzeit pro Jahr munden – statistisch gesehen. Traditionalisten trinken ihn pur, dulden nicht einmal Mineralwasser (sauer gespritzt) in ihrem „Gerippte" (spezielles Glas mit Facettenschliff). Wünscht ein Gast den Apfelwein gar mit Limonade gemischt (süß gespritzt), droht in manchem Lokal ein Sturm der Entrüstung. Aber wenn es draußen Stein und Bein friert, sind selbst puristische Wirte bereit, „en Haaße" zu servieren: einen heißen Apfelwein, aromatisiert mit Zimtstange, Gewürznelke und frischer Zitrone. Sogar ein Löffelchen Zucker ist dann erlaubt.

Sachsenhausen ist mit seinen zünftigen Lokalen und Fachwerkhäusern das Zentrum der Ebbelwoi-Kultur in Frankfurt. Nicht überall gibt's das „Stöffche" auch im „Bembel".

FRANKFURT A.M.

Maßstab 1:20.000

Stadtteil Oberrad (zu Frankfurt)

Vielgestaltige Facetten des großen Ganzen

Außerhalb der Altstadt sind die Frankfurter „zu Hause", hier verbringen sie ihre Freizeit. Beim Bummel durch etwas andere Einkaufsstraßen locken besondere Kulturangebote, etwa in historischen Industriebauten. Auch Wissenschaft und Lehre haben hier ihren Sitz. Frankfurts Stadtviertel haben eben alle ihre eigene Stimmung.

● Bornheim / Nordend

Lebendig und grün, geprägt von Gründerzeit- und Fachwerk-Architektur – so zeigt sich Frankfurts Norden. Das dörfliche Bornheim und das großbürgerlichere Nordend vereinen Charme und Chic auf lockere Weise.

SEHENSWERT

Der stets farbenfroh bepflanzte **Bethmann- park** ❻ birgt auch einen Chinesischen Garten. Im **Holzhausenpark** ❹ steht das gleich- namige, für Lesungen und Konzerte genutzte Wasserschlösschen von 1728 (www.frankfur ter-buergestiftung.de); das kunstvoll geschmie- dete einstige Portal zu Schloss und Garten lässt sich am Oederweg entdecken (Paul Hindemith-Anlage). Als englische Parkanlage konzipiert ist der **Hauptfriedhof** ❼ (1828; au- ßerhalb des Kartenausschnitts, siehe Karte S. 38) mit seinen prachtvollen Grabstätten be- rühmter Frankfurter. Der dänische Künstler Per Kirkeby schuf die Skulpturenreihe aus rotem Backstein vor dem neuen Gebäude der Deut-

Universität in der einstigen IG-Farben- Zentrale; Palmenhaus im Palmengarten

schen Nationalbibliothek (1997; Adickesallee). Ein eindrucksvolles Zeugnis der Nachkriegs- architektur ist der Kernbau des **Hessischen Rundfunks** (1951, Bertramswiese); das En- semble war ursprünglich für das Deutsche Par- lament geplant; der in seiner Form der Pauls- kirche nachempfundene „Rundbau" sollte den Plenarsaal aufnehmen. Die „Goldhalle" erin- nert an die zuerst geplante Funktion des Ge- bäudes.
Auf der Ausgehmeile obere Berger Straße steht das **Alte Rathaus** ❽ von Bornheim, ein barocker Fachwerkbau (privat), der an das his- torische Gasthaus Zur Sonne grenzt (1768). „Zwiwwelkersch" nennen die Bornheimer ihre **Johanniskirche** (1781, Große Spillingsgasse) aufgrund ihres markanten Turmhelms.
Über den Bornheimer Hang zieht sich die **May-Siedlung** ❽ (1926–1930), eines der gro- ßen sozialen Wohnbauprojekte des „Neuen Frankfurt" unter Stadtbaurat Ernst May.

VERANSTALTUNGEN

Auf dem **Bornheimer Wochenmarkt** (Mi., Sa.) um das Uhrtürmchen der Berger Straße

trifft sich nicht nur Frankfurts Norden. Der **Ber- nemer Mittwoch** auf der oberen Berger- straße verlängert das Karnevalsvergnügen um einen Tag.

EINKAUFEN

Design, Bücher, Kleidung, Wohnaccessoires, Souvenirartikel – alles made in Hessen. 2010 gegründet, verfügt der ungewöhnliche Laden **(kaufhausHESSEN**, Berger Straße 288, www. kaufhaushessen.de) inzwischen über Hunderte von Produkten aus Manufakturen in Frankfurt und seinem Umland. Natürlich ganz prominent im Regal: alles zum Thema Apfel(wein).

● Ostend

Industriekultur trifft Trendsetter, heißt es im Osten der Stadt, der schon hinter der Fried- berger Anlage beginnt. Kreative und Party- macher haben das Viertel längst entdeckt. Modernes Bauen, beispielsweise am Hafen und für die Europäische Zentralbank, setzt neue Akzente.

Tipp

Menü mit Oldtimern

In dem denkmalgeschützten, zur Route der Industriekultur zählenden Gebäu- dekomplex der einstigen Landmaschi- nenfabrik Mayfarth (1910) dreht sich alles um historische Automobile. Dut- zende von Dienstleistungs- und Produktanbietern sind auf 16 000 m² hinter der Backsteinfassade der **Klassikstadt** versammelt. Und für leib- liches Wohl sorgt die „Werkskantine" – mit verglastem Einblick in zwei Werk- stätten.

⓫ Klassikstadt, Orber Straße 4a, Tel. 069/41 67 41 51, www.klassikstadt.de

SEHENSWERT

Nachttierhaus und Affendschungel sind nur zwei der Attraktionen des 1858 gegründeten und vor allem durch seinen fernsehberühmten Direktor Bernhard Grzimek bekannten **Zoologischen Garten** ❿ (Bernhard-Grzimek-Allee 1, www.zoofrankfurt.de; tgl. 9.00–19.00, im Winter 9.00–17.00 Uhr).

Martin Elsaessers **Großmarkthalle** ⓯ (Sonnemannstraße) war 1928 eine bautechnische Meisterleistung; nun ist sie Teil des neuen Sitzes der Europäischen Zentralbank. Auf der einstigen Industriemeile Hanauer Landstraße mischt sich reizvolle Historie (u. a. Gemini-Haus, Meßmer-Haus, Uniongelände) mit zeitgenössischer Architektur.

Ein Stück Geschichte ist die **Metzgerei Gref-Völsings** ⓮ (Hanauer Landstraße 132, www.gref-voelsings.de), wo die gleichnamige Frankfurter Rindswurst hergestellt wird.

MUSEUM

Ein Erlebnis in Sachen Seh-Sinn ist das **Dialogmuseum** ⓬ **:** Blinde führen Sehende durch eine Welt ohne Licht (Hanauer Landstraße 145, Tel. 069/90 43 21 44, www.dialogmuseum.de; Di.–Fr. 9.00–17.00, Sa. 11.00–19.00, So. 11.00 bis 18.00 Uhr).

UNTERHALTUNG

Die einstige Seifenfabrik Mouson ❾, ein expressionistischer Industriebau aus den 1920er-Jahren, ist heute Künstlerhaus mit zwei Gastspielbühnen **(Mousonturm**, Waldschmidtstraße 4, Tel. 069/40 58 95 20, www.mousonturm.de). Freiem Theater und Kabarett als Spielstätte dient das Industriedenkmal **Naxoshalle** (Waldschmidtstraße 19, www.theater-willypraml.de, www.die-kaes.de).

Ob Wort oder Ton – die **Roman-Fabrik** (Hanauer Landstraße 186, www.romanfabrik.de) bietet fast tgl. Programm. Klassik bietet das **Hochsche Konservatorium** (Sonnemannstraße 16, www.dr-hochs.de), in dem schon Clara Schumann unterrichtet hat.

Zwei Mal im Monat ist Sa. **Flohmarkt** im Osthafen (Lindleystraße; 7.00–14.00 Uhr) und zwei Mal im Jahr schlägt die **Dippemess**, Frankfurts größter Jahrmarkt, für eine Woche ihre Buden an der Eissporthalle auf (Ratsweg; April/Mai und Anf. Sept.).

● Bockenheim / Westend

Seine noblen Villen und Gründerzeitfassaden brachten das Westend zu Zeiten der „68er" in die Schlagzeilen: Studenten der nahen Universität gingen gegen Immobilien-Spekulanten auf die Straße. Die Hochschule und auch die hohe Wohnqualität sind geblieben. Mittlerweile macht das Viertel im Schatten der Bankentürme als Single-Hochburg von sich reden – und nach wie vor als Standort der Messe. Bodenständig und unspektakulär lebt es sich indes in Frankfurts bevölkerungsreichstem Stadtteil Bockenheim, das bis 1895,

*Auf dem Holbeinsteg vor dem Städel Museum
Mainufer an der Gerbermühle (rechts)*

als man mit Frankfurt einen Eingemeindungsvertrag schloss, eine eigene kleine Stadt war und bis 2001 Hauptsitz der Universität.

SEHENSWERT

Mit dem Ankauf der Sammlung tropischer Pflanzen des Herzogs von Nassau begann 1868 die Geschichte des **Palmengartens TOPZIEL** ❸, einer der schönsten und größten botanischen Sammlungen Deutschlands (Siesmayerstraße 61, www.palmengarten-frankfurt.de; Feb.–Okt. tgl. 9.00–18.00, Nov.–Jan. tgl. 9.00–16.00 Uhr). Um das historische Palmenhaus und das Tropicarium liegen ca. 30 ha Freifläche; es gibt u. a. Liegewiesen, Themengärten, einen großen Bootsweiher, ein Sternerestaurant im restaurierten Gesellschaftshaus sowie ein modernes Straßencafé. Auf den Fundamenten der ehem. Orangerie des **Grüneburgparks** (19. Jh.) steht eine griechisch-orthodoxe Kapelle; nebenan wurde ein Koreanischer Garten angelegt. Die geisteswissenschaftlichen Fakultäten der Hochschule haben im benachbarten ehem. **IG-Farben- bzw. Poelzig-Bau** (1928–1931; Grüneburgplatz 1) ihr Domizil gefunden.

Zur Verstärkung der Landwehr diente einst die **Bockenheimer Warte** ❷ (1435). Auf dem **Uni-Campus Bockenheim** (1914) mit denkmalgeschützter Bausubstanz (Jügelhaus, 1906) u. a. auch aus den 1950er-Jahren (Ferdinand Kramer-Bauten) sollen Frankfurter Kulturinstitutionen angesiedelt werden.

MUSEUM

Bereits im 19. Jh. gegründet, gilt das **Senckenberg-Museum** ❶ als führende naturhistorische Sammlung Deutschlands (Senckenberganlage 25, Tel. 069/7 54 20, www.senckenberg.de; Mo.–Fr. 9.00–17.00, Mi. 9.00 bis 20.00, Sa./So. 9.00–18.00 Uhr). Eine halbe Mio. Ausstellungsstücke aus fast allen Epochen der Erdgeschichte zählen zu den Schätzen des Hauses, darunter berühmte Dinosaurierskelette und fossile Saurier-Fußspuren sowie Fossilien aus der Grube Messel, dem ersten UNESCO Weltnaturerbe in Deutschland.

UNTERHALTUNG

Konzerte von Studenten und internationalen Gästen veranstaltet regelmäßig die **Hochschule für Musik und Darstellende Kunst** ❺ (Eschersheimer Landstraße 29–39, www.hfmdk-frankfurt.de).

● Sachsenhausen

Sachsenhausens Renommee basiert auf der Museumsmeile am Fluss. Die begrünten Ufer sind ein beliebtes, kilometerlanges Erholungsgebiet – und bieten Ausblicke auf die Frankfurter Hochhausskyline. Neue Wohnquartiere wechseln sich mit großbürgerlicher Architektur des 19. Jh. ab. Vom einstigen Schifferviertel Alt-Sachsenhausen – das sich bei Besuchern nicht zuletzt wegen der zahlreichen Gaststätten großer Beliebtheit erfreut – ist es nicht weit zur Goetheruh und in den Stadtwald.

MUSEEN

Am **Museumsufer TOPZIEL** ⓳ reiht sich die kulturelle Visitenkarte Frankfurts: 13 Sammlungshäuser stehen hier dicht beieinander. Um die Entwicklung von Design, Mode und Performativem geht es in den Wechselausstellungen des von dem New Yorker Architekten Richard Meier entworfenen **Museums für Angewandte Kunst** (Schaumainkai 17, Tel. 069/21 23 40 37, www.angewandtekunst-frankfurt.de; Di., Do. bis So. 10.00–18.00, Mi. 10.00 bis 20.00 Uhr). Der Ethnologie gewidmet ist das **Museum der Weltkulturen** (Schaumainkai 29, Tel. 069/21 23 43 49, www.mwk-frankfurt.de; Di., Do.–So. 11.00-18.00, Mi. 11.00–20.00 Uhr). Im **Deutschen Filmmuseum** spielen natürlich die bewegten Bilder die Hauptrolle (Schaumainkai 41, Tel. 069/961 22 00, www.deutsches-film museum.de; Di.–So. 10.00 bis 18.00, Mi. bis 20.00 Uhr). Das **Deutsche Architekturmuseum** widmet sich allen interessanten Aspekten des Bauens (Schaumainkai 43, Tel. 069/21 23 88 44, www.dam-online.de; Di.–So. 11.00-18.00, Mi. bis 20.00 Uhr). Im **Museum für Kommunikation** geht es um die Geschichte der Nachrichtenübermittlung (Schaumainkai 53, Tel. 069/6 06 00, www.mfk-frankfurt.de; Di.–Fr. 9.00–18.00, Sa. und So. 11.00–19.00 Uhr). Das jüngst unterirdisch erweiterte **Städel** genießt gleichermaßen Weltruf für seine Alten Meister und seine Vertreter der Moderne (Schaumainkai 63, Tel. 069/6 05 09 80, www.staedelmuseum.de; Di. und Fr.–So. 10.00–18.00, Mi. und Do. 10.00–21.00 Uhr). Meisterwerke plastischer Kunst von der Antike bis zum Klassizismus sind seit 1907 im **Liebieghaus** versammelt (Schaumainkai 71, Tel. 069/6 50 04 90, www.liebieghaus.de; Mi., Fr.–So. 10.00–18.00, Do. 10.00–21.00 Uhr); die für den Textilfabrikanten Heinrich Baron von Liebieg 1896 errichtete Villa mit markantem Turm vereint u. a. Elemente der Südtiroler und der Bamberger Renaissance. Das **Museum**

Giersch hat sich auf die Kunst der Region spezialisiert; Schwerpunkt sind Werke des 19. Jhs. (Schaumainkai 83, Tel. 069/63 30 41 28, www. museum-giersch.de; Di.–Do. 12.00–19.00, Fr. bis So. 10.00–18.00 Uhr).

Ein Erlebnis rund um das Buch der Bücher ist das **Bibelhaus** 20 (Metzlerstraße 19, Tel. 069/ 66 42 65 25, www.bibelhaus-frankfurt.de; Di. bis Sa. 10.00–17.00, So. 14.00–18.00 Uhr).

Hinter der barocken Fassade des Deutschordenshauses verbirgt sich ein **Ikonen-Museum** 17 (Brückenstraße 3, Tel. 069/ 21 23 62 62, www.ikonenmuseumfrankfurt.de; Di.–So. 10.00–17.00, Mi. 10.00–20.00 Uhr).

Zeitgenössische Positionen der Kunst stellt der zum „Städel" gehörende, 2006 fertiggestellte (Neue) **Portikus** 17 vor (Alte Brücke 2, Tel. 069/96 24 45 40, www.portikus.de; Di.–So. 11.00 bis 18.00, Mi. 11.00–20.00 Uhr).

Im restaurierten **Kuhhirtenturm**, einst Teil der Frankfurter Stadtbefestigung, wird dessen ehemaligem Bewohner, des Komponisten Paul Hindemith, gedacht; auch wurde ein kleiner Konzertsaal eingerichtet (Große Rittergasse 118; So. 11.00–18.00 Uhr).

VERANSTALTUNGEN

An zwei Sa. im Monat verwandelt sich ein Großteil des Schaumainkais in einen **Flohmarkt** (9.00–14.00 Uhr).

Am letzten Aug.-Wochenende ist das Areal zwischen Eisernem Steg und Holbeinsteg Kulisse für das **Museumsuferfest** (www. museumsuferfest-frankfurt.de), das Hunderttausende Besucher anzieht. Es vereint Kultur (mehr als 20 teilnehmende Museen), Kunsthandwerk und kulinarische Offerten – und endet mit einem großen Feuerwerk.

Livemusik und Lesungen gibt es regelmäßig in der **Fabrik** 18, einem neobarocken Backstein-Ensemble, in dem ab 1881 Mineralöle verarbeitet wurden (Mittlerer Hasenpfad 5, www. die-fabrik-frankfurt.de).

EINKAUFEN

Elegant und delikat gibt sich Sachsenhausens Einkaufsmeile, die **Schweizer Straße** 20 – nette kulinarische Souvenirs sind die Römerpralinen der Confiserie Jamin und der Frankfurter Apfelweinsenf der Senfgalerie. Interessante kleinere Geschäfte finden sich auch in der Oppenheimer, der Schneckenhof- und der Textorstraße.

UMGEBUNG

Vom klassizistischen **Willemer-Häuschen** 16, dem achteckigen, turmartigen Gartenhaus des gleichnamigen Bankiers auf dem Mühlberg, bewunderte Goethe 1814 mit Jacob Willemer und dessen junger Frau Marianne, einer ehem. Tänzerin, die Freudenfeuer anlässlich des Jahrestags der Völkerschlacht von Leipzig (Hühnerweg 74; Osterso.–Mitte Okt. So. 11.00 bis 16.00 Uhr).

In der **Gerbermühle** 13 (heute Restaurant), dem Sommersitz der Willemers, feierte der Dichter u. a. seinen 66. Geburtstag – Marianne Willemer verewigte er im „Buch Suleika" seines Spätwerks „West-östlicher Diwan".

Genießen   Erleben   Erfahren

Im Laufschritt

DuMont Aktiv

Frankfurt ist kompakt. Sie möchten sich einen Überblick verschaffen? Vertrauen Sie doch einfach Ihren Füßen – die aber an Joggingschuhe gewöhnt sein sollten.

Treffpunkt Mainufer. 9.00 Uhr morgens. Ein blitzblauer Himmel als Hintergrund für die Bankentürme, den roten Dom. Und los geht es. Tim Gondorf, Sportwissenschaftler und Triathlet, mahnt zur Gemächlichkeit. Nicht zu schnell laufen, es muss genug Puste da sein zum Reden. Das überlassen wir allerdings erstmal ihm. Sachsenhausen. Enten am Wasser, das erste Haus der Museumskette. „Wir sind auf der offiziellen Ironman-Strecke", erklärt Tim. Es folgen Städel, Holbeinsteg, Mainufer, Bahnhofsviertel, Messe, Senckenberg-Museum. Dann rechts rum auf die Bockenheimer Landstraße. „Einmal im Jahr wird sie zur Bananenallee", lacht Tim. „Beim Chase-Lauf, wenn die Sponsoren dort nach dem Zieleinlauf Obst an die bis zu 70 000 Läufer verteilen."

Alte Oper, Freßgass, Liebfrauenberg. Und schon ist der Römer erreicht. Jetzt nur noch hoch auf den Eisernen Steg – und wir sind wieder auf unserer Ausgangsstrecke. Beim Dehnen verkündet Tim mit Blick auf seine Laufuhr: „8,9 km, 1 Stunde 10". Fünf Stadtviertel in 70 Minuten. Frankfurt ist kompakt. Auch für Freizeitläufer.

Weitere Informationen

Tim Gondorf (oder einer seiner beiden Kollegen) holt Sie auf Wunsch direkt am Hotel ab. Seine Touren (5 bis 10 km lang) passt er dem Laufvermögen und

Terminplan seiner Gäste an (ab 6.00 Uhr). Pro Person 60 Euro, in der Gruppe günstiger (peak personal training, Tel. 0170 96 4 33 69, www.sightjogging-ffm.de).

Stadtführung im Joggingtempo: Tim Gondorf zeigt seinen Gästen die Frankfurter Highlights.

Römer, Riesling und Rivalitäten

An seinen Rändern und in seiner näheren Umgebung sorgt Frankfurt für allerlei Überraschungen. Aus dem Weinberg fällt der Blick auf Bankentürme, Wald erstreckt sich kilometerlang, ein kleiner Nachbar leistet Großes in Sachen Design. Und die Zeugnisse der Baukultur umfassen die Antike ebenso wie die Zeit des Jugendstils und der Zwanziger Jahre.

Im AbenteuerPark Offenbach heißt es für die Besucher:
Auf die Bäume …!

Hinter dem Höchster Schloss, heute Domizil der Deutschen Stiftung Denkmalschutz, ragt die Häuserzeile Burggraben auf.

Die 1928 entworfene Bronzeskulptur „Krieg" des Höchster Künstlers Richard Biringer ist ein Mahnmal gegen den Krieg und heute im Brüningpark vor dem Ochsenturm zu sehen.

Vielgestaltiges Fachwerk säumt die Höchster Gasse Burggraben.

Seit zehn Generationen lebt die Familie Rupp vom Weinbau. Vor einiger Zeit hat sie zu den eigenen Reben jene im Besitz der Stadt Frankfurt gepachtet. Das Gros der Parzellen erstreckt sich bei Hochheim an den Hängen des Mains. 7000 Rebstöcke jedoch stehen direkt auf Frankfurter Stadtgebiet. Schon vor Jahrhunderten wurden hier am Lohrberg Reben angepflanzt. Das Areal gehörte einst zum Besitz des Karmeliterklosters. Mit der Säkularisation nach Napoleon fielen die klösterlichen Weinberge samt der zugehörigen Wirtschaftshäuser an die Stadt. Viele Jahre lang bewirtschaftete sie das Weingut selbst. Noch immer ist sie auch der

größte Abnehmer seiner Erzeugnisse. Auf jedem Bankett für Staats- und Ehrengäste werden „eigene" Tropfen kredenzt. Etwa 10 000 Flaschen jährlich steuert der Lohrberg zu den „Stadtweinen" bei. Ausschließlich Riesling. Gelesen wird per Hand, denn auf dem stark geneigten Hang können keine Maschinen eingesetzt werden. Freiwillige Helfer aus der Frankfurter Bürgerschaft unterstützen Jürgen Rupp bei der herbstlichen Traubenernte auf dem Lohrberg.

Die Bäume der Bürger

Kaiserliche Schulden bescherten den Frankfurtern schon im Mittelalter einen eigenen Wald: Nachdem Karl IV. das

von reichen Patriziern geliehene Geld nicht zurückzahlen konnte, übertrug er ihnen 1372 das ausgehandelte Pfand: das Schultheißenamt und einen Teil des damaligen Königsforstes. Heute ist der Frankfurter Stadtwald mit einer Fläche von rund 5785 Hektar Fläche einer der größten Stadtwälder Deutschlands. Genau genommen sind es drei Wälder: Bei Sachsenhausen und Oberrad liegt der von riesigen Buchen geprägte Oberwald mit dem markanten hölzernen Goetheturm. Eine Fülle von Kräutern gedeiht hier, und im Frühjahr erstreckt sich ein Meer von Buschwindröschen. Westlich der Isenburger Schneise liegt der Unterwald mit Laub- wie Nadelbäumen.

Offenbach am Main besitzt mit dem Büsing-Palais einen repräsentativen Sitz für das nach seinem Gründer benannte Klingspor-Museum für Schriftkunst und Typografie.

Weit hinter Offenbachs Hafen ist die Skyline von Frankfurt mehr zu erahnen als zu erkennen.

Der Main-Radweg folgt dem Main von der Quelle bis zur Mündung – und streift dabei auch Offenbach.

Offenbachs Isenburger Schloss ist heute Teil der Hochschule für Gestaltung.

Hochschule für Gestaltung

Special

Diplomiertes Design

Ein Schloss für Studenten? In Offenbach wundert sich darüber niemand. Denn hätten die Isenburger Fürsten, die den Renaissancebau einst errichten ließen, mit ihrer Ansiedlungspolitik nicht dafür gesorgt, dass sich auch Handwerker ansiedelten, gäbe es heute wohl kaum eine Hochschule für Gestaltung.

Hervorgegangen ist die HfG, zu deren Campus das Schloss heute gehört – es birgt die Bereiche Fotografie und Malerei sowie den Computerraum – aus einer 1832 gegründeten Handwerkerschule. Sie fusionierte 1877 mit der Kunstindustrieschule. Künstlerische und theoretische Themen erweiterten den Fächerkanon. Kein Wunder, hatten sich zur Textil- und Leder(waren)industrie des Ortes doch längst andere Firmensparten gesellt: Es wurden Metalle verarbeitet, Farben und Lacke produziert, Bücher und Noten verlegt. Heute bildet die Offenbacher HfG ihre rund 600 Stu-

Humor, wichtig in der Kommunikation

denten zu Diplom-Designern aus. Schwerpunkte sind Visuelle Kommunikation und Produktgestaltung. Künstler lehren an der HfG ebenso wie Philosophen. Den Höhepunkt des Studienjahres markiert im Sommer jeweils der öffentliche RUNDGANG, bei dem Arbeiten aus allen Bereichen der Hochschule zu sehen sind und Studenten sowohl die Hochschulgebäude selbst als auch andere Örtlichkeiten in Offenbach bespielen.

Ein einst vom Main überschwemmter Sumpfwald ist der Schwanheimer Wald, in dem besonders alte Eichen wachsen.

Römerziegel und rote Farbe

Durch die fast bäuerlich anmutende Flusslandschaft bei Schwanheim, auf deren Wiesen sogar Kühe grasen, spaziert oder radelt es sich gemächlich bis zur Anlegestelle der Fähre hinüber nach Höchst, dessen malerische Altstadt sich direkt am nördlichen Mainufer hinter einer hohen Wehrmauer verbirgt. Von Osten schlängelt sich die Nidda heran, auf der die Römer aus ihrem Kastell Villa Hostat die dort gebrannten Ziegel zum Bau ihrer Siedlung Nida verschifften. Knapp 2000 Jahre später baute der Berliner Architekt Peter Behrens in Höchst ein imposantes Verwaltungsgebäude für die chemische Fabrik Meister Lucius & Co. – ebenfalls aus Ziegelstein. Die Chemiker hatten sich von einer kleinen Produktionsstätte für den roten Farbstoff Fuchsin zum Hersteller für Medikamente entwickelt – die „Rotfabriker" firmierten inzwischen als Farbwerke Hoechst.

Bruder und Schwester

Frankfurt und Offenbach sind wie großer Bruder und kleine Schwester: Rivalen, aber doch irgendwie verbunden.

Vielgestaltiges Darmstadt: Die architektonischen Reize der ehemaligen Residenzstadt reichen von der Waldspirale Friedensreich Hundertwassers über die Jugendstilpracht auf der Mathildenhöhe, das zum Teil von der Studentenschaft genutzte ehemalige Residenzschloss in barocken Formen bis zum Darmstadtium, dem jüngsten baulichen Zuwachs.

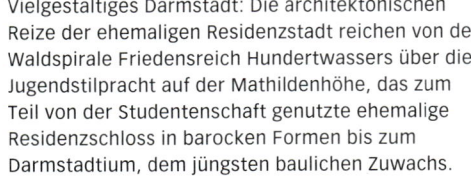

Man macht Witzchen auf Kosten des Anderen, echauffiert sich über vermeintliche Schwächen, ist nur selten einer Meinung. Der Fußball, so meinen viele, sei Grund für dieses Missverhältnis. Denn es gab eine Zeit, da die Kickers Offenbach auf dem heimischen Bieberer Berg schon mal einen Sieg über Spieler der Eintracht Frankfurt errangen. Ein weiterer Nadelstich könnte die Tatsache sein, dass die Frankfurter Messe 1828 und 1835 in Offenbach abgehalten wurde – weil Frankfurt sich zunächst weigerte, dem preußisch-hessischen Zollvertrag beizutreten. Über die Messe erschloss sich auch die Mönchsche Manufaktur neue Märkte – um bald als Offenbachs erste „Etuis- und Souvenirfabrik" zu firmieren und damit den Ruf des Städtchens als Zentrum der sogenannten Feintäschnerei zu begründen, der sich noch heute in der Offenbacher Lederwarenmesse widerspiegelt.

Akropolis des Jugendstils

Hessens letzter Großherzog war kein Kostverächter. In Darmstadt sagte man dem Enkel der britischen Königin Victoria und Bruder der russischen Zarin etliche Verhältnisse mit Frauen wie Männern nach. Eingegangen in die Geschichte ist der 1937 verstorbene Ernst Ludwig indes durch Engagements anderer Art: „Mein Hessenland blühe und in ihm die Kunst!", lautete sein Motto. Und getreu diesem gründete er 1899 die Darmstädter Künstlerkolonie.

In ihr wirkten zunächst sieben vom Großherzog berufene Architekten, Maler und Bildhauer, darunter Peter Behrens (Berlin) und Joseph Maria Olbrich (Wien). Gemeinsam sollte die Gruppe auf dem Terrain eines als Park angelegten Hügels, der Mathildenhöhe, neue Bau- und Wohnformen erarbeiten. Ernst Ludwig, der 1892 die Regierungsgeschäfte Hessens übernommen hatte, versprach sich von der Verbindung von Kunst und Handwerk neue Impulse für die nach seiner Ansicht rückständige hessische Industrie.

MESSE MIT TRADITION

Mittelalterliches Privileg

Modern und weltoffen, dazu geschäftig im besten Sinne – in der Mainmetropole zählten Business, Toleranz und Fortschrittsdenken schon früh zum Alltag. Bereits im 13. Jahrhundert erklärte Kaiser Friedrich II. die „Freie Reichsstadt Frankenfurth" zur ersten Messestadt der Welt.

Die Internationale Automobilausstellung gehört zu den publikumsintensivsten Messen Frankfurts – hier ein Modell aus der Traumabteilung, ein Bugatti EB Veyron.

Wir, Friedrich von Gottes Gnaden erhabener Römischer Kaiser, König von Jerusalem und Sizilien, wollen durch dieses Schriftstück aller Welt bekannt machen, dass wir alle insgesamt und jeden Einzelnen, der zu den Messen nach Frankfurt Reisenden unter Unsern und des Reiches besonderen Schutz aufnehmen. Wir gebieten, dass niemand auf dem Hinweg zu diesen Messen oder auf dem Rückweg in irgendeiner Weise zu belästigen oder zu behindern wagen soll. Wer es dennoch wagen würde, soll wissen, dass er mit dem Zorn Unserer Majestät zu rechnen hat. Zur Einprägung dieses Befehls haben Wir diese Urkunde darüber herstellen und mit dem Siegel Unserer Majestät bekräftigen lassen."

Mit diesem Dokument, von dem Staufer-Regenten am 11. Juli 1240, während der Belagerung des italieni-schen Ascoli unterzeichnet, begann für Frankfurt ein neues Kapitel in seiner Wirtschaftsgeschichte.

Diverse Adressen
Ein festes Domizil hatte die Frankfurter Messe anfänglich allerdings nicht. Verkauft wurde am Mainufer, auf dem Samstagsberg vor dem Rathaus und in den umliegenden Gassen. Noch heute erinnern Straßennamen wie Kornmarkt, Buchgasse oder Neue Kräme an die frühen Handelsaktivitäten in dem flussnahen Viertel. Güter aus aller Herren Länder, meist angelandet per Schiff, wechselten

Seit 1991 überragt
der 257 Meter hohe
Messeturm das
600 000 Quadratmeter
große Frankfurter
Ausstellungsgelände.

Die Frankfurter Buchmesse ist für die weltweiten Fachbesucher sehr wichtig, aber auch beim breiten Publikum beliebt.

Fakten & Informationen

....

Zehn Hallen mit einer Ausstellungsfläche von insgesamt fast 350 000 m² bilden heute das Frankfurter Messegelände. Jährlich bis zu vierzig Messen und Ausstellungen finden hier statt; fast ein Drittel davon gelten als die weltgrößten ihrer Branche. Zusammen ziehen sie pro Jahr rund 2,3 Millionen Besucher an.

Zu den wichtigsten Terminen im Frankfurter Messekalender zählen die Buchmesse (mit ca. 7000 Ausstellern aus mehr als 100 Ländern), die internationale Automobilausstellung IAA mit ca. 1000 Ausstellern aus 40 Ländern, die ACHEMA (Weltforum der Prozessindustrie) mit 3800 internationalen Ausstellern, die internationale führende Light & Building-Messe für Licht und Gebäudetechnik mit ca. 2600 Ausstellern und dem öffentlichen Rahmenprogramm Luminale im gesamten Stadtgebiet sowie die Musikmesse (im Verbund mit Prolight & Sound gut 2000 Aussteller aus 60 Ländern und öffentliches Konzertbegleitprogramm). Auch die Konsumgütermessen Heimtextil, Ambiente und Tendence locken stets ein großes Publikum.

rund um den Dom den Besitzer – von orientalischen Spezereien und venezianischem Glas über chinesische Seide und flämische Tuche bis hin zu Pelzen aus dem Baltikum. Am Weckmarkt lässt sich an der Fassade des wiedererbauten Leinwandhauses noch heute die „Frankfurter Elle" entdecken, bis ins 19. Jahrhundert eine der drei amtlichen Hauptmaßeinheiten Europas.

Aber nicht nur exotische Waren, auch Gedrucktes wurde schon früh in Frankfurt gehandelt: 1480, also nur kurz nachdem im benachbarten Mainz Johannes Gutenberg den Buchdruck mittels beweglicher Lettern erfunden hatte, fand am Main die erste „Büchermeß" statt. Und bereits im Jahr 1900, also in der Urgeschichte des Automobils, zog es Tausende Besucher zum ersten Autosalon, dem Vorläufer der Internationalen Automobilausstellung heutiger Tage.

Die neue Festhalle

Kurze Zeit später erhielt die Frankfurter Messe endlich auch ein festes Domizil: die neue Festhalle. In der Rekordzeit von nur 18 Monaten wurde der damals größte freitragende Kuppelbau Europas errichtet. Dem XI. Deutschen Turnerfest mit seinen 15 000 Teilnehmern diente er bereits eindrucksvoll als Kulisse. Erst nach diesem großen Sportereignis, am 19. Mai 1909, erfolgte die Eröffnung durch Kaiser Wilhelm II. Und mit der dreimonatigen Internationalen Luftfahrtausstellung wurde das imposante Gebäude aus Stahl, Glas und rotem Sandstein zwei Monate später offiziell eingeweiht.

In den Folgejahren verlief die Entwicklung der Frankfurter Messe allerdings eher schleppend. Die Frankfurter Messe- und Ausstellungs-Gesellschaft konnte nur einige wenige Veranstaltungen von internationalem Rang in ihr Domizil locken, im Krieg wurde das Messegelände in ein Trümmerfeld verwandelt. Praktisch mit dem Kriegsende begann schon der Wiederaufbau, auch neue Hallen wurden rasch errichtet und der Aufstieg Frankfurts zum zweitgrößten Messeplatz der Welt nahm seinen Lauf.

Anlässlich der Buchmesse lassen es sich Verlage und Fernsehsender nicht nehmen, Autoren und Autorinnen aus aller Welt vorzustellen.

Industriekultur – von viel Natur gefasst

Fluss- und Waldlandschaften umgeben Frankfurt in fast allen Himmelsrichtungen; das Gros ist verkehrstechnisch bestens erschlossen. So lassen sich auch die Industriedenkmäler, mittelalterlichen Schlossplätze und Jugendstilschätze an den Rändern der Mainmetropole entspannt erkunden.

➊ Höchst

Beliebtes Ausflugsziel ist das 10 km westl. der Frankfurter City gelegene Höchst. Römischen Ursprungs (Stadtrecht 1355), war der heutige Stadtteil (seit 1928) lange verbunden mit den 1863 gegründeten und 1999 im heutigen Chemiekonzern Sanofi-Aventis aufgegangenen Farbwerken Höchst. Neben Industriearchitektur konnte der Ort indes reiche historische Bausubstanz bewahren – und viel Grün.

SEHENSWERT

Vom neugestalteten Flussufer, der Batterie, gelangt man durch das **Maintor** (1460) in der Stadtmauer hinauf in die weitgehend original erhaltene **Altstadt** TOPZIEL mit verwinkelten Gassen, Fachwerkbauten und dem im Mittelalter als Zollburg errichteten **Renaissance-schloss** (14.–16. Jh.). Schlossplatz und Batterie dienen heute vor allem dem leiblichen Wohl mit urigen Gaststätten. Nördl. der früheren Residenz der Mainzer Erzbischöfe lassen sich die zur Zeit der Renaissance entstandenen **Adelshöfe** Dalberger und Kronberger Haus entdecken. Letzteres birgt das **Porzellanmuseum** mit mehr als 1500 Beispielen für die Höchster Produktion im 18. Jh. (Bolongarostr. 152, Tel. 069/21 23 55 99, www.historisches-museum. frankfurt.de; Sa./So. 11.00–18.00 Uhr). Wie die feinen „Scherben" entstehen, demonstriert die Erlebnismanufaktur in einem 1878 errichteten Fabrikgebäude (Palleskestraße 32, Tel. 069/ 3 00 90 20, www.hoechster-porzellan.de; Führungen Di. 10.00 und 15.00 Uhr). Westl. von Altem Rathaus (16. und 19 Jh.), Justinuskirche (Urspr. 9. Jh.) und Antoniterkloster erhebt sich am Niddaufer der heute von der Stadtverwaltung genutzte barocke **Bolongaropalast**, errichtet für zwei italienische Schnupftabakfabrikanten (Innenbesichtigung nur im Rahmen von Führungen www.pro-hoechst.de/hoechst -sehenswert). Im **Industriepark Hoechst** östl. der Altstadt baute Peter Behrens in den 1920er-Jahren das Verwaltungsgebäude der Hoechst AG, beispielhaft für expressionistische Architektur (Besucherempfang Tor Ost, Brüningstraße 50, www.industrieparkhoechst. com; Mo.–Do. 7.00–16.30, Fr. 7.00–15.00 Uhr, Führungen unter Tel. 069/3 05 54 13).

➋ Römerstadt

Am Nordufer des Flüsschens Nidda, am Rand des heutigen Stadtteils Heddernheim, hatten die Römer einst eine wichtige Civitas errichtet – Nida. In den 1920er-Jahren entstand auf dem Areal eine der ersten Siedlungen des „Neuen Frankfurt", mit denen die Stadt die Wohnungsnot nach dem Ersten Weltkrieg zu lindern versuchte.

SEHENSWERT

Die Ausgrabungen des römischen Nida fielen dem Bau der **Römerstadt** weitgehend zum Opfer; einige Funde sind im Archäologischen Museum Frankfurt zu sehen, in der Straße An der Ringmauer auch Reste eines römischen Brunnens. Als Würdigung des Projekts Römerstadt, maßgeblich verantwortet vom damaligen Frankfurter Stadtbaumeister Ernst May (1886 bis 1970), wurde eines der Häuser der bis heute bewohnten Siedlung in seinen Ursprungszustand zurückversetzt und als **Ernst-May-Haus** zugänglich gemacht (Im Burgfeld 136, Tel. 069/ 15 34 38 83, www.ernst-may-gesellschaft.de; Di.–Do. 11.00–16.00, Sa./So. 12.00–17.00 Uhr).

➌ Lohrberg

Reste einer Jupitersäule und eines römischen Gutshofs in der Nähe des Lohrbergs beweisen, dass der Berger Rücken bereits in antiker Zeit besiedelt war. Weinbau ist dort seit dem 9. Jh. verbrieft. 1919 wurde dann unter Gartenbaudirektor Max Bromme auf dem 185 m hohen Lohrberg die erste Frankfurter Dauer-Kleingartenkolonie angelegt. 1924 begannen die Arbeiten am lange geplanten neuen Volkspark – unter Einbeziehung eines Weinbergs. Bis heute erfreut sich der Lohrberg großer Beliebtheit zum Picknicken, Drachensteigen, Rodeln.

SEHENSWERT

Im Fachwerkbauweise errichtet, ist das **Lohrhaus** (18. Jh.) heute Teil eines Gartenlokals im Stil der 1920er-Jahre. Im 1947 angelegten Beispiel- und Beratungsgarten für Obstbau, dem umweltpädagogisch konzipierten **MainÄppel-Haus Lohrberg**, können u. a. Beeren und Obst

Ernst-May-Siedlung (oben) und der Justinusplatz in Höchst

gepflückt und im Hofladen gekauft werden. (Neuer Weg 39, Tel. 069/47 99 94, www.main aeppelhauslohrberg.de; Sommer Di.–So. 11.00 bis 18.00, Nov.–März Bistro nur Sa./So. 11.00 bis 16.00, Hofladen Di., Mi., Fr. 11.00–15.00, Do. 11.00–18.00, Sa./So. 11.00–16.00 Uhr). Von den steilen Hängen des **Lohrbergs** (185 m) bietet sich ein Panoramablick auf den Stadtteil Seckbach, einen Teil der Cityhochhausskyline und über die Weite der Mainebene bis zu den Bergen des Spessarts und den Höhenzügen des Odenwalds.

➍ Stadtwald

Neun Weiher, 25 Schutzhütten, 1600 Ruhebänke und sieben Spielplätze bietet der Frankfurter Stadtwald auf einer Länge von 16 km und einer Breite von 3 km. Sein Baumbestand umfasst hauptsächlich Kiefern, Buchen und Eichen – deren Früchte bereits im Mittelalter der Schweinemast dienten, woran die Gemarkungsnamen Oberschweinstiege und Unterschweinstiege erinnern.

SEHENSWERT

Am Nordrand des Stadtwalds, über dem Stadtteil Sachsenhausen, erhebt sich der 1931 errichtete hölzerne **Goetheturm**. 196 Stufen führen hinauf zur Aussichtsplattform in 43 m Höhe. Der Frankfurter Dichterfürst soll bei Spaziergängen an dieser Stelle gerastet haben. Um einen Eichenstamm herum gebaut ist das **StadtWaldHaus** mit Lehrpfaden, Tiergehege und Volieren. Durch ein Bullauge kann vom Hausinnern aus der Lauf der Jahreszeiten in einem angrenzenden Teich beobachtet werden; ein künstlicher Bach verläuft durch die Ausstellungsräume (Kuhpfadschneise, Tel. 069/68 32 39, www.stadtwaldhaus-frankfurt.de; Mo.–Do. 9.00–16.00, Sa. 12.00–16.00/18.00, So. 10.00–16.00/18.00 Uhr). An mehreren Stellen des Stadtwalds trifft man auf skurrile Skulpturen nach Entwürfen des Frankfurter Zeichners und Autors F. K. Waechter, etwa eine Eule im Norwegerpullover, Monstereicheln oder den „Pinkelbaum".

⑤ Offenbach

Die wirtschaftlich durch hugenottische Glaubensflüchtlinge (um 1700) geprägte Industriestadt (118 000 Einw.) machte früh als Zentrum der Lederwarenindustrie von sich reden; zudem erfand hier 1800 Alois Senefelder den

---

Tipp

Alle reden vom Wetter ...

....

... aber kaum jemand weiß, wie Stürme oder Hagelschauer entstehen. Offenbach als Hauptsitz des Deutschen Wetterdienstes (DWD) bietet mit dem Wetterpark Antworten auf Fragen u. a. zu Gewitter, Luftdruck, Niederschlag, Wind, Wetterstationen und Wolken. Besucher sollen auf einfache Weise an die Beobachtung auch komplexer Wetterzusammenhänge und deren wissenschaftliche Hintergründe herangeführt werden. Der Themenpark ist bis auf ein Messfeld des DWD uneingeschränkt zugänglich. Ergänzend lädt die Gaststätte „Am Wetterpark" in ihren großen Biergarten.

Freilichtmuseum Wetterpark des Deutschen Wetterdienstes, Buchhügelallee 400, Offenbach; tgl. 8.00–22.00 Uhr

---

Am Main-Radweg
Jugendstilarchitektur auf der Mathildenhöhe
Hotel und Museum: Jagdschloss Kranichstein

Steindruck. Heute ist das 977 erstmals erwähnte, von vielen Herrschern geprägte Offenbach wichtiges Dienstleistungszentrum – u. a. mit dem Sitz des Deutschen Wetterdienstes und der Hochschule für Gestaltung.

SEHENSWERT

Nahe dem Mainufer erhebt sich das rötliche **Isenburger Schloss** (16. Jh.), ehem. Residenz der gleichnamigen Grafen (heute Teil der benachbarten Hochschule für Gestaltung). Die Südfassade mit ihren Galerien gilt als eines der schönsten Zeugnisse der Renaissance nördl. der Alpen. Von der bereits im 17. Jh. angelegten Herrnstraße mit Café und originellen Läden erreicht man das Areal des einst am Main stehenden **Lili-Tempels**; 1798 ließ die Bankiersfamilie Metzler die prachtvolle Kombination aus marmornem Grottenbad und Teehaus vom französischen Architekten Salins de Montfort errichten. Im umgebenden Park soll Goethe sich mit seiner Verlobten Elisabeth (Lili) Schönemann getroffen haben – daher der Name des Bauwerks. Die **Französische Reformierte Kirche** (18. Jh.) Ecke Herrnstraße/Französisches Gässchen duckt sich vor Offenbachs Bürotürmen. Wenige Schritte weiter östlich ließen sich um 1775 zwei Schnupftabak-Fabrikanten ein dreiflügeliges Herrenhaus errichten, um 19. Jh. zur neubarocken Schlossanlage **Büsing-Palais** umgestaltet (Berliner Straße 111, heute Hotel und Museum).
Im **Dreieichpark** erinnert ein Ensemble aus einem Brückenbogen (über dem Fußgängerweg) und einem etwa 3,50 m hohen Tempel mit Kuppel an die Anfänge moderner Betonbautechnik, 1879 zur Landesgewerbeausstellung auf dem heutigen Parkgelände von der Offenbacher „Cementfabrik Feege & Gotthardt" errichtet und ursprünglich strahlend weiß.

MUSEEN

Ethnologie, Kunstgewerbe und Kunst mit Schwerpunkt Schuhe vereint das **Deutsche Ledermuseum** (Frankfurter Straße 86, Tel. 069/8 29 79 80, www.ledermuseum.de; Di.–So. 10.00–17.00 Uhr). Entwicklungen der internationalen Buch- und Schriftkunst dokumentiert das **Klingspor-Museum** (Herrnstraße 80, Südflügel Büsing-Palais, Tel. 069/80 65 29 54, www. klingspor-museum.de; Di., Do. und Fr. 10.00 bis 17.00, Mi. 14.00–19.00, Sa./So. 11.00–16.00 Uhr). Die örtliche Hochschule für Gestaltung entwarf die Präsentation des **Hauses der**

Stadtgeschichte im Bernardbau, 1896 als Tabakfabrik errichtet (Herrnstraße 61, Tel. 069/80 65 26 46, www.haus-der-stadtgeschichte.de; Di., Do./Fr. 10.00–17.00, Mi. 14.00–19.00, Sa./So. 11.00–16.00 Uhr).

VERANSTALTUNGEN

Auf dem baumbestandenen Hochwasserdamm am Main findet jeden Sa. ein stimmungsvoller **Flohmarkt** statt. Di. und Sa. lockt auf dem Wilhelmsplatz einer der schönsten **Wochenmärkte** der Region. Interessante Kulisse für Konzerte aller Art ist das Capitol – einst die Synagoge Offenbachs.

INFORMATION

OF InfoCenter, Salzgässchen 1, 63065 Offenbach, Tel. 069/80 65 20 52, www.offenbach.de

⑥ Darmstadt

Jugendstilzentrum und Wissenschaftsstadt, ist die einstige landgräfliche und großherzogliche Residenz (16.–18. Jh. bzw. 1806–1918) auch ein Hort der Literatur und Musik: Das Deutsche Jazzinstitut und die Akademie für Tonkunst haben hier ebenso ihren Sitz wie die Deutsche Akademie für Sprache und Dichtung, das Europäische Raumflugkontrollzentrum (ESOC), das Design Zentrum Hessen, das Institut für Neue Technische Form INTEF und rund 30 weitere Forschungseinrichtungen und Institute. Die 1877 gegründete Technische Universität und die beiden Fachhochschulen besuchen rund 35 000 Studenten, die für eine lebendige Atmosphäre in der Stadt sorgen.

SEHENSWERT

Im Zweiten Weltkrieg verheerend zerstört, besitzt Darmstadts Innenstadt nur wenige, meist

rekonstruierte Bauwerke von kunsthistori-
schem Wert, u. a. das **Alte Rathaus** (Urspr.
1598) am Marktplatz, das heute teils universi-
tär genutzte **Residenzschloss** (Urspr. 17. und
18. Jh.) und der klassizistische **Mollerbau**
(Hessisches Staatsarchiv). Der **Weiße Turm**,
einst Teil der Stadtbefestigung, wurde im
18. Jh. umgestaltet. Wiedererrichtet ist auch
das spätbarocke **Kollegiengebäude** am Loui-
senplatz (Regierungspräsidium Darmstadt), wo
auch das Ludwigsmonument (1844) aufragt.
Neues architektonisches Wahrzeichen ist seit
2007 das **Darmstadtium**, benannt nach dem
gleichnamigen chemischen Element, in
Darmstadt erstmals durch Verschmelzung von
Blei und Nickel hergestellt.
Hauptattraktion Darmstadts ist die **Mathildenhöhe** TOPZIEL mit ihrer Ausstellungshalle, der
im Auftrag von Zar Nikolaus II., dem Gatten der
aus Darmstadt gebürtigen einstigen Prinzessin
Victoria Alix, erbauten Russischen Kapelle
(1899) und dem zum Wahrzeichen der Stadt
gewordenen Hochzeitsturm von Joseph Maria
Olbrich. Dieser österreichische Jugendstil-
Architekt gehörte zu den wichtigsten Vertre-
tern der auf dem Hügel wirkenden Darmstädter Künstlerkolonie.

MUSEEN
Die Geschichte der Darmstädter Jugendstil-
Künstlergemeinschaft sowie ihr Schaffen dokumentiert das **Museum Künstlerkolonie** auf
der Mathildenhöhe (Ernst-Ludwig-Haus, Tel.
06151/13 27 78, www.mathildenhoehe.eu;
Di.–So. 11.00–18.00 Uhr).
Auf der Kunst- und Naturaliensammlung des
ersten Großherzogs Ludwig I. basieren die u. a.
um Arbeiten von Albrecht Dürer und Joseph
Beuys ergänzten Abteilungen des frisch sanier-
ten und neu konzeptionierten **Hessischen
Landesmuseums** (Friedensplatz 1, Tel.
06151/16 57 03, www. hlmd.de; Di., Do., Fr.
10.00– 18.00, Mi. 10.00–20.00, Sa./So. 11.00 bis
17.00 Uhr). Das **Schlossmuseum** zeigt hauptsächlich fürstliche Wohnkultur aus zweieinhalb
Jahrhunderten (Marktplatz 15, Zugang über
den Schlosshof, Tel. 06151/240 35, www.
schlossmuseum-darmstadt.de; Fr.–So. 10.00
bis 17.00 Uhr, nur mit Führung). Am Rand des
Herrngartens liegt das barocke Prinz-Georg-
Palais (um 1710) mit der **Großherzoglich-
Hessischen Porzellansammlung** (Schloss-
gartenstraße 10, Tel. 06151/71 32 33, www.
porzellanmuseum-darmstadt.de; Fr.–So.
10.00–17.00 Uhr).
Im 3 km nordöstl. von Darmstadt gelegenen
Jagdschloss Kranichstein, einem der wenigen erhaltenen Renaissance-Jagdschlösser
Deutschlands aus dem 16. Jh. (auch Hotel und
Restaurant), befindet sich heute ein Jagdmu-
seum (Tel. 06151/9 71 11 80, http://museum.
jagdschloss-kranichstein.de; Mi.–Fr. 13.00 bis
17.00, Sa./So. 10.00–17.00 Uhr).

INFORMATION
Tourist-Information, Darmstadt Shop
im Luisencenter, Luisenplatz 5, 64283
Darmstadt, Tel. 06151/13 45 13,
www.darmstadt-tourismus.de

Genießen   Erleben   Erfahren

DuMont
Aktiv

Radeln am Fluss

An den Mainufern Frankfurts kann man
wunderbar Rad fahren, ebenso wie längs der Nidda.
Auch der Stadtwald hält einige Routen bereit – und bis zur Fossilienfund-
stätte Grube Messel bei Darmstadt sind es nur knapp 40 Kilometer …

Schon am Eisernen Steg heißt es, sich zu entscheiden – westwärts
oder gen Osten. Wir wählen die Fließrichtung des Mains und den Untermainkai Richtung Westhafen. Weiter geht es mit dem neuen Wohnquartier am
Jachthafen als Kulisse zum einstigen Druckwasserwerk (heute Restaurant).
Über die Rhein-Neckar-Eisenbahnbrücke ans südliche Flussufer nach Niederrad gelangt, verläuft der Rad- und Fußweg parallel zum Main zwischen
Hecken und Kleingärten, vorbei am Licht- und Luftbad und dem Bau des
historischen Klärwerks hinein in die Schwanheimer Auenlandschaft.

Auf dem ehemaligen Leinpfad, wo einst die Treidelpferde ihre
Last flussaufwärts zogen und vorbei an Äckern, Wiesen und Kuhweiden, geht
es zum Fähranleger von Höchst. Über den mittelalterlichen Schlossplatz führt
die Route zu Füßen von Frankfurts ältestem Gotteshaus, der Justinuskirche,
bald über eine schmale Fußgängerbrücke zur Wörthspitze, wo sich Nidda und
Main vereinen. Durch das Parkareal des Mündungsdreiecks gelangen wir ans
südliche Niddaufer, wo es gemütlich längs des Flusses bis in den Brentano-
park von Rödelheim geht und dann weiter am Nordufer bis zur Römerstadt
in Heddernheim. Wer mag, radelt nun über Ginnheim und das Westend
zurück zum Ausgangspunkt. Oder man fährt mit der U-Bahn von der Station
Heddernheim in nur 20 Min. in die City (Willy-Brandt-Platz) zurück.

Weitere Informationen

An der ausschließlich eben verlaufenden
Tour (ca. 30 km) gibt es im Westhafen,
in Höchst und in Rödelheim (direkt am
Flussufer) Einkehrmöglichkeiten. Je nach
Pausen und Besichtigung dauert der Aus-
flug einen halben bis einen Tag.
Fahrräder können in der City Frankfurts
fast überall ausgeliehen werden.

*Die steigungsarmen Radwege entlang des Mains locken bei schönem Wetter
zahlreiche Ausflügler an – per pedes und im Sattel.*

Mehr als Panoramen

Spuren uralter Kulturen, heilende Naturkräfte und ein einzigartiges Landschaftsbild, das immer wieder auch Maler und Dichter faszinierte und bis heute auf die Menschen der Ebene große Anziehungskraft ausübt – der Taunus ist mehr als nur ein deutsches Mittelgebirge.

Der Idsteiner König-Adolf-Platz ist die gute Stube der Stadt. Durch das 500 Jahre alte Kanzleitor ging es in den herrschaftlichen Bereich.

Bad Homburg vor der Höhe: Blick vom Schloss auf die Erlöserkirche, ein gutes Beispiel für den von Kaiser Wilhelm II. forcierten Kirchenbau im Stil der Neuromanik

Der Bad Homburger Baumeister Louis Jacobi errichtete bis 1890 das Kaiser-Wilhelms-Bad, das bis heute als Therapiehaus dient.

Der Sala Thai erinnert an den Aufenthalt des siamesischen Königs in Bad Homburg.

Fachfraulicher Blick vor dem Start: Oldtimer sind keine Besonderheit in Bad Homburg, das verschiedene Veranstaltungen für Freunde alter Kraftfahrzeuge bietet.

Kaiser Wilhelm II. fühlte sich, abseits der gesellschaftlichen Zwänge Berlins, außerordentlich wohl in Bad Homburg. Einmal soll er geäußert haben, „dass Homburg und Homburgs Bevölkerung sich gewissermaßen zu Unserer Familie rechnen" könne.

Lange Zeit als eher unwirtlich empfunden, hat der Taunus heute einen großen Freundeskreis. Die Frankfurter schätzen ihn als nahes Ausflugsziel, im Sommer zum Wandern, Joggen, Radeln; im Winter zum Rodeln, Langlaufen und für erste Pistenversuche. Besucher erfreuen sich an einstigen Residenzstädtchen und Herrschaftszentren kleinerer Territorien, bewundern Burgruinen und Schlösser, Fachwerk- und Jugendstilbauten, klassizistische Bäderarchitektur und Relikte oder Rekonstruktionen aus römischer Zeit. Rund zwanzig Millionen Menschen zieht es jedes Jahr in den 120000 Hektar großen Naturpark Hochtaunus, der damit zu einer attraktiven touristischen Hochburg avancierte.

Rittersleut allerorten

Mehr als 100 Burgen standen im Mittelalter auf den Taunushöhen; kaum ein Dutzend hat die Zeiten überdauert. Das Gros hat seinen Ursprung in der Stauferzeit – wie die Burg der Ritter von Kronberg, einzige erhaltene Höhenburg im Vordertaunus. Oder die Festung Königstein, heute Deutschlands zweitgrößte Burgruine. Königstein lag an der wichtigen Handelsstraße von Frankfurt nach Köln. Die Burgherren wechselten häufiger auf den Taunusfestungen, und

meist waren die Eigentümerwechsel nicht eben friedlich. Man suchte sich nicht nur militärisch, sondern auch wirtschaftlich zu schaden – durch „Kastanienschälen" beispielsweise, also die Rinde abzulösen, um die Bäume zum Absterben zu bringen. Kastanien waren im Mittelalter ein wichtiges Nahrungsmittel. Frankfurts Dichterfürst Goethe bezog seine Kastanien noch während seiner Weimarer Zeit aus Kronberg. Ende des 18. Jahrhunderts dienten die Burgen auch als Staatsgefängnis – zu den Inhaftierten auf Königstein zählten die hiesigen Anhänger der Französischen Revolution.

Des Kaisers Baumeister

Sein Vater diente dem Landgrafen in Homburg als Haushofmeister, Louis Jacobi selbst machte sich mit knapp 16 Jahren auf aus der hessisch-homburgischen Enge in die Weite Nordamerikas. 1856 kehrte er in seine Heimat zurück, und nur fünf Jahre später übernahm der junge Architekt in seiner Geburtsstadt die Leitung beim Umbau des Kurhauses.

In den folgenden vier Jahrzehnten prägte Jacobi mit seinen Bauten Homburgs Stadtbild wie kein Zweiter. Villen, Denkmäler, Brunnenfassungen, Kirchen und Kapellen, die Marktlauben, Ritters

Ein Park im Stil der englischen Landschaftsgärten umgibt im Kurpark
das Kastanienrondell mit dem 1980 errichteten Brunnen der Erkenntnis.

Wenn Bad Nauheim zum nostalgischen Jugendstilfestival aufruft,
wird die Blütezeit des einstigen Weltbades wieder lebendig.

Bad Nauheims ausgedehnter Sprudelhof umgibt drei aus der Erde tretende heiße Heilquellen.

Mit den anderen Grünanlagen des Kurorts wurde Bad Nauheims Kurpark anlässlich der Hessischen Landesgartenschau 2010 neu gestaltet.

Parkhotel und das Kaiser-Wilhelms-Bad zählen zu seinen Werken.

Sein besonderes Interesse galt indes der Baukunst der alten Römer. Immer wieder beteiligte er sich an entsprechenden Ausgrabungen, in Pompeji beispielsweise. Im Rahmen der Reichs-Limes-Kommission zur Erforschung des römischen Grenzwalls war Jacobi Streckenkommissar für den Abschnitt im Taunus. 1894 endlich begannen die archäologischen Ausgrabungen des Limeskastells Saalburg – unter seiner Leitung. Gekrönt wurde Jacobis Engagement in Sachen Antike 1897, als ihn Kaiser Wilhelm II. beauftragte, die Saalburg auf ihren historischen Grundmauern zu rekonstruieren.

Der Taunus ist nicht nur wohlhabend im finanziellen Sinne, sondern auch reich an Geschichten.

Speck, Zwieback, Reis

Ein Fürst, der dank der Feder Heinrich von Kleists eingeht in die Weltliteratur. Ein zweifach gebackener, in eckige Form gebrachter Hefeteig, der ein nach dem Fürsten benanntes Dorf weltweit buchstäblich in aller Munde bringt. Eine Schusterstochter, die aufsteigt zur Direktorin der Spielbank von Monte Carlo. Und ein junger Physiker, dem sein Erfinderruhm verwehrt bleiben sollte. Der (Vorder-)Taunus ist nicht nur wohlhabend im finanziellen Sinne, sondern auch reich an Geschichten.

Viele beginnen zur Zeit des Landgrafen Friedrich II., besser bekannt als „Prinz von Homburg". Der Regent galt als Freund und Förderer der Hugenotten. François Blanc, späterer Gatte der Schusterstochter Marie, ist zwar kein französischer Glaubensflüchtling, sondern Mathematiker, der in Bordeaux mit Börsen-Insidergeschäften gut ver-

Der Taunus ist für die Bewohner des Rhein-Main-Gebietes ein beliebtes Ausflugsziel. Der Walterstein bei Eppstein beispielsweise ist ein Kletterrevier, und die Wälder lassen sich herrlich erwandern und erradeln. Unverändert feudal geht es in Königsteins Villa Rothschild zu, heute ein Hotel.

Königstein geht auf das 10./11. Jahrhundert zurück. Zerstört wurde
die Festung allerdings erst in den Französischen Revolutionskriegen.

Römer im Taunus

Special

Zeugnisse einer antiken Grenze

Justinus-Felsen, Idsteiner Wachturm, Kastell Kleiner Feldberg, die Saalburg – viele Spuren der Römer verweisen auf den heute hessischen Abschnitt des Obergermanisch-Rätischen Limes, jenen mehr als 500 Kilometer langen Grenzwall, mit dessen Bau die Römer um 100 nach Christus begannen, um das von ihnen besetzte rechtsrheinische Gebiet zu sichern.

Nachdem die Feldzüge gegen die germanischen Chatten beendet waren, bewehrten römische Legionäre zunächst Wegschneisen mit hölzernen Türmen und verbanden diese später mit Palisaden. Die Instandhaltung der Holzbauten war schwierig, daher wurden sie allmählich durch Steintürme ersetzt. Eine recht authentische Rekonstruktion eines Wachturms steht in -Dasbach. Die Grenze des römischen Reiches verlief oberhalb der heutigen Orte Nieder- und Oberreifenberg über den Nordhang des Gro-

Kaiser Antoninus Pius vor dem Saalburg-Tor

ßen Feldbergs. Hier stand auf 790 m Höhe auch das höchste Kastell des deutschen Limesabschnitts. Anlässlich der Anerkennung des römischen Grenzwalls als UNESCO-Welterbestätte wurde es restauriert. Zwischen dem Kastell Kleiner Feldberg und dem Limes, der noch als flacher Damm erkennbar ist, liegen die konservierten Grundmauern des Kastellbades. Auch Spuren eines kleinen römischen Dorfes wurden entdeckt.

dient hatte, bis das Ganze aufflog und er besser das Weite suchte. Via Luxemburg kam er nach Homburg, wo er 1841 das Casino gründete – die „Mutter von Monte Carlo", das seine Witwe letztlich leitete.

Bei so viel Glücksspiel war offenbar kein Platz für andere „Spielereien" – wie jene des in Friedrichsdorf lehrenden Philipp Reis. „Telephon" hatte er seinen Apparat getauft, mit dem es möglich wurde, „Töne aller Art durch den galvanischen Strom in beliebiger Entfernung zu reproduzieren". Weder in der Wissenschaft noch in der Öffentlichkeit fand seine Erfindung die Resonanz, die sie verdient gehabt hätte. 1876, zwei Jahre nach Reis' Tod, ließ Graham Bell sich das Instrument patentieren.

So wie Bell von Reis profitiert der Vordertaunus von Frankfurt. Aufgrund seiner fiskalischen Vorzüge gilt das Mittelgebirge mit zahlreichen exklusiven Wohnadressen als Speckgürtel der Mainmetropole.

Jugendstil und Gartenpracht

Pflanzenornamente spielen im Jugendstil eine wichtige Rolle. 2010 vereinten sich in Bad Nauheim die baulichen Zeugnisse dieser kunsthistorischen Epoche und die floralen Vorbilder für ihre (Aus-)Gestaltung auf besondere Weise.

Von einer Burgruine überragt: das
Fachwerkstädtchen Eppstein

Von der Burgruine Königstein, einer der größten in Deutschland,
ergibt sich ein weiter Blick auf den Ort.

Der Sodenia-Pavillon ist das Zentrum des Bad Sodener Quellenparks. Ab 1990 wurde das erste, 1722 errichtete Sodener Kurhaus nach den Plänen
Friedensreich Hundertwassers zum Hundertwasserhaus umgestaltet.

Idstein: Blick durch das im 15. Jahrhundert erbaute Kanzleitor
auf das Fachwerk der Altstadt

Die Vielzahl der Taunus-Burgen erinnert an mittelalterliche Zeiten, in denen (Raub-) Ritter am Wohlstand der bäuerlichen Wetterau und der Handelsstadt Frankfurt teilhaben wollten.

Denn das Kurstädtchen, dem schon Bismarck, das österreichische Kaiserpaar, August Bebel, Richard Strauss, Karl May, Franklin D. Roosevelt und der saudi-arabische König und Zar Nikolaus II. als ranghöchster Vertreter der zahlreichen russischen Kurgäste die Ehre gaben, richtete die Hessische Landesgartenschau aus. Neben den von Mitgliedern der Darmstädter Künstlerkolonie ausgestalteten Schmuckhöfen des Sprudelhofs waren auch die Salinen und der von Heinrich Siesmayer, dem Gestalter des Frankfurter Palmengartens, angelegte Kurpark Teil des Ausstellungsareals. Eine halbe Million Besucher flanierten zwischen April und Oktober über das fast 40 Hektar große Schaugelände.

Etliche Millionen Euro waren im Umfeld der Schau in Stadtentwicklungsprojekte geflossen. So wurden nicht nur die Jugendstil-Kuranlagen restauriert, sondern beispielsweise auch die Parkstraße, der zentrale Boulevard und die Bahnhofstraße mitsamt Bahnhofsvorplatz neu gestaltet. Und der über die Jahre zum Wald verwachsene Goldsteinpark erhielt sein gepflegtes Gesicht als Bürgergarten zurück.

Inzwischen erfreut die neue Grünanlage Einheimische wie Gäste ähnlich wie das bereits zur Jahrtausendwende angelegte Band von Rosensträuchern längs des Geh- und Radwegs in den Stadtteil Steinfurth, wo 1868 die erste deutsche Rosenschule eröffnet hatte. Die großen Fürstenhäuser Englands, Russlands und Skandinaviens wählten hier ihre Lieblingsrosen aus. Noch heute ziehen 30 Betriebe etwa vier Millionen Rosen-Pflanzen auf Steinfurths Feldern.

Elefanten am Waldrand

Flusspferd und Flamingo, Mufflon und Makak, Giraffe und Gnu – mehr als 200 Tierarten aus allen Kontinenten und Klimazonen leben im Opelzoo. 1956 von dem Automobilbauer Georg von Opel als Forschungsgehege in einem Waldgebiet zwischen Kronberg und Königstein gegründet, lockte die Anlage anfänglich vor allem durch ihren Elefantenbestand. Darüber hinaus war der Opel-Zoo jedoch auch maßgeblich an der Rettung des vom Aussterben bedrohten Mesopotamischen Dammhirschs beteiligt; das Gros aller Exemplare dieser Tierart in den Zoos der Welt stammt heute aus Kronberger Zucht. Inzwischen gibt es in dem Tierpark unter anderem eine Savannenanlage und eine neue Anlage für Brillenpinguine. Auch zwei Geparden zählen inzwischen zu den fast 15 000 Opelzoo-Bewohnern.

KUREN UND WELLNESS

Wasser zum Wohle des Körpers

Schon die Römer nutzten die heilende Wirkung der vielen Quellen auf den Taunushöhen. Ab dem 19. Jahrhundert erblühten dann in der Region Bäderorte wie Homburg, Nauheim und Soden.

Einst wurden die Gradierbauten in Bad Nauheim zur Salzgewinnung errichtet. Heute liegt ihr Wert in den Aerosolen, die sie an die Luft abgeben und die eine heilsame Wirkung auf die Atemwege haben.

Vivian besucht die beiden Könige fast jeden Tag. Die kleine Thailänderin ist zwar in Bad Homburg geboren, aber das Bildnis Seiner Hoheit Bhumipol kennt sie so genau wie jenes von Chulalongkorn Rama V., der das früher Siam genannte Königreich bis 1910 regierte. Beide Herrscherporträts sind als Bronzereliefs in die Mauerumfriedung der Sala-Thai eingelassen, die im Nordteil des Bad Homburger Kurparks goldglänzend aus einem Blumenmeer ragt. Das „Tempelchen" hatte Chulalongkorn den Homburgern nach seinem Kuraufenthalt zu Beginn des 20. Jahrhunderts geschenkt, und Bhumipol sorgte, solange es ihm gesundheitlich möglich war, mit einigem Aufwand dafür, dass Thailands Glanz hier nicht verblasst.

Die beiden Monarchen sind nicht die einzigen Blaublüter, mit denen sich Bad Homburg schmücken kann, war der Kurort doch über Jahre Sommersitz des letzten Deutschen Kaisers, Wilhelm II. Auch der englische Hochadel fand sich gern im Taunus ein, um sich von den Londoner Parlamentsperioden zu erholen.

Sprudelnde Möglichkeiten

Bad Nauheims Aufblühen gelang ohne kaiserlichen Einfluss, die Großherzöge von Hessen-Darmstadt sahen in der kohlensauren Thermalsole „sprudelnde" Möglichkeiten. Und als in Darmstadt die Mathildenhöhe entstand, sollte Nauheim nicht zurückstehen. Der gerade für Millionen sanierte Sprudelhof des Solethermalbades gilt als größte geschlossene Jugendstilanlage Europas. Die Trinkkuranlage erinnert an barocke Schloss- und Klosteranlagen. Die dekorative Ausstattung spiegelt jedoch eindeutig die Prinzipien des Art nouveau. Herzstück des hufeisenförmigen Hofs ist der Kurbrunnentempel. Das Heilwasser wird an einem achteckigen Ausschank gereicht. Es schmeckt „wie Hering mit Lakritzen", will man den Worten des Dichters Erich Kästner glauben, der 1930 und 1932 hier kurte.

Lukrative Verwertung

Bad Sodens älteste Therme, der Solbrunnen im heutigen Quellenpark, wurde bereits 1567 vom Rat der Stadt Frankfurt geprüft und zur Salzgewinnung freigegeben. In der Folge wurde das Wasser in die Salinen des Ortes geleitet und damit einer über Jahrhunderte lukrativen Verwertung zugeführt.

Insgesamt sprudeln heute 33 Quellen auf dem Sodener Stadtgebiet. Das erste Kurhaus ließ Salinenverwalter Johann Georg Wartenberg bereits 1722 erbauen – ursprünglich mit 27 Zimmern und vier Badekabinetten.

Bad Nauheims Quellen sprudeln unter freiem Himmel.

Der Sprudelhof mit seinen sechs Badehäusern zählt zu Bad Nauheims herausragenden Jugendstilanlagen.

Fakten & Informationen

In Bad Homburg sprudeln heute noch ein Dutzend Heilwässer; jene der Viktoria-Louise-Brunnen speisen die moderne Taunustherme (www.taunus-therme.de), eine Solequelle alimentiert das zum Day-Spa umgebaute ehem. kaiserliche Badehaus (www.kur-royal.de). Von Bad Sodens Quellen sind elf öffentlich zugänglich (www.bad-soden.de). Bad Nauheim hat sich als Adresse für die Behandlung von Herz- und Kreislauferkrankungen einen Namen gemacht, ist aber auch Kneippkurort. Neben seinen Thermal- und Erlebnisbädern verfügt es über einen Gesundheitsgarten; die historischen Gradierbauten dienen im Sommer der Freiluftinhalation.

Ritterburgen und Kaiserkuren

Für Alexander von Humboldt gehörte der Taunus zu den landschaftlichen Höhepunkten der Welt. Vieles, was den Naturforscher schon im 19. Jahrhundert an „der Höhe" begeisterte, ist bis heute erhalten: herrliche Wälder, Burgen, Schlösser und bereits zu Römerzeiten geschätzte Heilquellen.

❶ Bad Nauheim

Bereits die Kelten nutzten Mitte des 1. Jt. v. Chr. die bis heute sprudelnden Quellen am Ufer der Usa zur Salzgewinnung; zu ihrer Blüte gelangte die Nauheimer Saline im 18. Jh. – und wenig später florierte dank des Solewassers auch das Kurwesen, wie herrliche Jugendstilbauten, Villenviertel und Grandhotels der bis 1866 zum Großherzogtum Hessen-Darmstadt gehörenden Stadt (31 000 Einw.) zeigen.

SEHENSWERT
Die bis 1912 entstandenen **Kur-, Bade- und Wirtschaftsanlagen** TOPZIEL des großherzoglichen Baumeisters Wilhelm Jost prägen bis heute die Stadt. Sprudelhof und Trinkkuran-

Der Sprudelhof in Bad Nauheim (oben)
Eingang zum Römerkastell (rechts oben)
Besucher am Teich im Bad Nauheimer Kurpark

lage gelten als eine der größten geschlossenen Jugendstilanlagen in Deutschland. Ein Weg führt von hier zu den Ausgrabungen der keltischen Saline und ihren Nachfolgern; am Großen Rad sind die Gradierbauten sommers noch in Betrieb. Die Altstadt erreicht man durch die Burgpforte an der ehem. Zehntscheune, vor der sich Elvis Presley für ein Plattencover verewigen ließ; der amerikanische Sänger hatte 1958–1960 während seiner Militärzeit in Bad Nauheim gelebt.

UMGEBUNG
Im Stadtteil Steinfurth (nördl.) widmet sich das **Rosenmuseum** der Königin der Blumen (Alte Schulstraße 1, Tel. 06032/8 60 01, www.rosen museum.com; März/April, Okt./Nov. Di.–Sa. 14.00–17.00, Mai–Sept. und So. (ganzj.) 11.00–18.00 Uhr.

INFORMATION
Stadtmarketing und Tourismus GmbH, In den Kolonnaden 1, 61231 Bad Nauheim, Tel. 06032/92 99 20, www.bad-nauheim.de

Tipp

Römer für einen Tag

....

8 km nördl. von Bad Homburg steht die Saalburg, urspr. eine um 80 n. Chr. errichtete kleine Erdschanze am römischen Grenzwall Limes. Das spätere Kastell wurde auf Initiative Kaiser Wilhelms II. um 1900 wieder auf- und inzwischen zu einem archäologischen Park ausgebaut. Hier lässt sich in römische Zeiten eintauchen, römisches Bogenschießen und Speerwerfen üben, römischer Kleidung auf die Spur kommen und den Tag in der „Taverna" bei römischen Speisen beschließen.

Informationen beim Führungs- und Veranstaltungsservice der Saalburg (Tel. 06175/93 74 20, www. saalburgmuseum.de)
Am Römerkastell 1, 61350 Bad Homburg, Tel. 06175/9 37 40; März–Okt. tgl. 9.00–18.00, Nov. bis Feb. Di.–So. 9.00–16.00 Uhr

❷ Bad Homburg

Traditionen als Landgrafenresidenz, Kurbad und kaiserliche Sommerresidenz prägen die 1200 Jahre alte Stadt bis heute. Sie ist zudem ein wichtiges Wirtschaftszentrum (52 000 Einw.) „vor der Höhe", also am Rand des Taunus, mit florierendem Einzelhandel.

SEHENSWERT
Das **Homburger Schloss** gilt als eine der schönsten Barockanlagen Deutschlands, einst die Residenz der Landgrafen von Hessen-Homburg (ab 1680) und nach 1866 Sommerresidenz vor allem Kaiser Wilhelms II. (Königsflügel bis vorauss. 2018 geschl.); mit seinem Weißen Turm aus dem 14. Jh. erhebt sich das Ensemble im als englischer Landschaftsgarten gestalteten Schlosspark. Im spätbarocken **Sinclair-Haus** finden heute hochkarätige Kunstausstellungen statt (Löwengasse 15/Ecke Doro-

Ganz Hessen ist im Freilicht-museum Hessenpark versammelt.

theenstraße, www.museum-sinclair-haus.de; Mi.–Fr. 14.00–19.00, Di. bis 20.00, Sa., So., Fei. 10.00–18.00 Uhr). Im **Hölderlinhaus** (Dorotheenstraße 34) verfasste der Dichter um 1800 einige seiner wichtigsten Werke. Eines der zahlreichen Beispiele für das Wirken des Stadtbaurates Louis Jacobi in Bad Homburg ist die 1892 erbaute **Villa Hammelmann** (Louisenstraße/ Ecke Wilhelm-Meister-Straße). Die stadtseitig von Gebäuden aus der Zeit um 1900 gesäumte **Kaiser-Friedrich-Promenade** führt entlang dem weitläufigen Kurpark mit der Brunnenallee, Europas zweitältestem Golfplatz, den beiden Thai-Tempeln, der Spielbank Bad Homburg (So. bis Do. 14.30–3.00, Fr./Sa. 14.30 bis 4.00 Uhr, www.spielbank-bad-homburg.de) und der Russischen Kapelle, zu der Zar Nikolaus II. 1896 den Grundstein gelegt hatte. Das **Kaiser-Wilhelms-Bad** beherbergt inzwischen einen zeitgenössischen Wellness-Tempel (www.kur-royal.de; tgl. 10.00–22.00, Juni–Aug. bis 20.00 Uhr). Zwischen **Taunus-Therme** (Seedammweg 10, www.taunus-therme.de; Mo., Di., Do. und So., 9.00–23.00, Mi., Fr./Sa. bis 24.00 Uhr) und **Seedammbad** (Seedammweg 7, www.seedammbad.de; Mo. 13.00–21.00, Di.–Fr. 7.00–21.00, Sa./So. 8.00 bis 20.00 Uhr) erinnern Granitstelen an den 1989 hier ermordeten Alfred Herrhausen, Vorstandssprecher der Deutschen Bank AG. Zwischen Rathaus und Bahnhof versammelt die Skulpturenallee eine Reihe von Plastiken namhafter Künstler. Bad Homburgs Neorenaissance-**Bahnhof** (1907) wurde zum Kulturbahnhof aufpoliert.

MUSEEN

Einst Jagdsitz des landgräflichen Erben Friedrich VI., beherbergt das (Neu-) **Gotische Haus** (um 1825) heute das **Städtische Museum** mit dem Hutmuseum, in dessen Mittelpunkt der „Homburg" (1880er-Jahre) steht (Tannenwaldweg 102, Tel. 06172/3 76 18; Di.–Sa. 14.00–17.00, So. 12.00–18.00 Uhr). Das **Horex Museum** (Horexstr. 6, Tel. 06172/1 01 31 67; Mi. 10.00–14.00, Sa./So. 12.00–18.00 Uhr erinnert an das bis 1960 in der Stadt produzierte Zweirad.

EINKAUFEN

In der edlen Fußgängerzone **Louisenstraße** gibt es fast alles für den täglichen Bedarf, aber auch Mode, Sportartikel, Design u. v. m.

VERANSTALTUNGEN

Als größtes Volksfest im Taunus lockt das **Laternenfest** mit Musik, Umzug und Windhundrennen (www.laternenfest.de; 1. Sept.-Wochenende). Die Schlosskirche ist Kulisse der monatlichen **Bad Homburger Schlosskonzerte** (www.badhomburger-schlosskonzerte.de). Alle zwei Jahre richtet Bad Homburg das **Internationale Orgelfestival Fugato** aus (www. orgelfestival-fugato.de; wieder Sept. 2018).

UMGEBUNG

Das **Freilichtmuseum Hessenpark** dokumentiert mit rund 100 Gebäuden fast ein halbes Jahrhundert Baugeschichte in Hessen sowie traditionelles Handwerk (Laubweg 5, Neu-Anspach, Tel. 06081/58 80, www.hessenpark. de; April–Okt. tgl. 9.00–18.00, Nov. tgl. 9.00 bis 17.00, Dez.–März Sa./So. 10.00–17.00 Uhr).

INFORMATION

Tourist Information + Service, Kurhaus, Louisenstraße 58, 61348 Bad Homburg vor der Höhe, Tel. 06172/1 78 37 10, www.bad-homburg-tourismus.de

③ Kronberg

Einst Rittersitz (ab 13. Jh.) und Künstlerkolonie (ab 1858), hat der von Wäldern umgebene Luftkurort (17 500 Einw.) im Hochtaunus an vielen Stellen seinen historischen Charakter bewahrt.

SEHENSWERT

Die **Altstadt** mit ihren Treppengassen und Winkeln, verzierten Fachwerkhäusern, Adelshöfen (Hellhof, Recepturhof) und Relikten der Stadtmauer wird überragt von der **Burg** der Ritter von Kronberg (Burg-Museum, Schlossstraße 10, Tel. 06173/77 88, www.burgkronberg. de; Ostern–Sept. Mi., Do. und Sa. 13.00–17.00, So. 11.00–18.00, Juni bis Mitte Sept. auch Fr. 13.00–17.00 Uhr). Das **Museum Kronberger Malerkolonie** in der nie geweihten Streitkirche (1739) erinnert an die bis zu 60 Künstler, die im 19. Jh. in Kronberg wirkten (Tanzhausstraße 1, Tel. 06173/92 94 90, www.kronberger-malerkolonie.com; Mi. 15.00–18.00, Sa./So. 11.00–18.00 Uhr). Am Nordrand des weitläufigen Victoria-Parks steht **Schloss Friedrichshof** (1888–1894), Witwensitz der Kaiserin Victoria, Gattin des „99 Tage-Kaisers" Friedrich III. und Mutter Wilhelms II. (heute Schlosshotel).

UMGEBUNG

An der Straße nach Königstein erstreckt sich das Gelände des **Opelzoos** (Königsteiner Straße 35, Tel. 06173/3 25 90 30, www.opelzoo. de; tgl. 9.00–18.00, Juni–Aug. bis 19.00, Winter bis 17.00 Uhr). Im benachbarten **Falkenstein** führt ein Wanderweg an der dortigen Burgruine (Urspr. 14. Jh.) vorbei zum Altkönig (798 m), an dessen Flanken unterhalb des Gipfels Ringwälle aus keltischer Zeit erhalten sind.

INFORMATION

Tourist-Information Kronberg, Katharinenstr. 7, 61476 Kronberg im Taunus., Tel. 06173/70 30, www.kronberg.de

④ Königstein

Nomen est omen – in seiner Schönheit durchaus eines Regenten würdig ist das heilklimatische Städtchen (16 000 Einw.) am Fuß des Steinkopfes. Doch residierten hier „nur" die Kurfürsten von Mainz und ab 1806 die Herzöge von Hessen Nassau, 1890 zu Großherzögen von Luxemburg ernannt. Zum Kuren kam u. a. der Maler Ernst Ludwig Kirchner.

SEHENSWERT

Wahrzeichen Königsteins ist seine imposante **Burgruine** aus dem 13. Jh. (März–Okt. tgl. 10.00–19.00, Nov.–Feb. Sa./So. 10.00–17.00 Uhr). Sie überragt die malerische **Altstadt** mit dem auf dem unteren Burgtor der Festung eingerichteten 700-jährigen historischen **Rathaus** (**Stadtmuseum**, Kugelherrnstraße 1, Tel. 06173/45 03, www.museum-koenigstein.de; Sa./So. 14.00–17.30 Uhr). Das **Luxemburger Schloss** (um 1875), einst Sommerresidenz der Kurfürsten von Mainz und Adolph von Nassaus, ist heute Amtsgericht. Sehenswert im Kurpark ist die **Villa Borgis**, eine 1860 im Schweizer Stil errichtete Gartenvilla (heute Café, Restaurant, Standesamt). Die **Villa Rothschild**, bis 1894 für den Bankier Wilhelm Carl von Rothschild erbaut, ist heute elegantes kleines Hotel mit Zwei-Sterne-Restaurant (Im Rothschildpark 1, Tel. 0617/21 90 80, www.kempinski.com).

UMGEBUNG

Von Königstein führt ein breiter Weg hinauf zum **Fuchstanz** (682 m), wo zwei Gaststätten warten. Von dort geht es zu Fuß weiter zur höchsten Erhebung des Taunus, dem **Großen Feldberg** TOPZIEL (879 m) – einem beliebten Ziel für Wanderer, Wintersportler, Motorradfahrer und Radler, ebenfalls mit Gastronomie (www.feldberghof.de). Vom Brunhildisfelsen bietet sich ein herrlicher Rundblick. Eindrucksvoll sind auch die Freiflugvorführungen von Hessens ältester Falknerei (Tel. 06174/75 45;

Nomen est omen – in seiner Schönheit durchaus eines Regenten würdig ist das heilklimatische Städtchen Königstein.

www.falkenhof-feldberg.de; April–Okt. tgl. 10.00–18.00 Uhr). Über Schmitten gelangt man ins schöne Tal der Weil, die von einem beliebten Rad- und Wanderweg gesäumt ist.

INFORMATION

Kur- und Stadtinformation, Hauptstraße 13a, 61462 Königstein im Taunus, Tel. 06174/202 51, www.koenigstein.de

⑤ Bad Soden

Bekannt für seine 1605 in Betrieb genommene Saline, entwickelte sich das Städtchen (21 500 Einw.) am Südhang des Taunus ab dem 18. Jh. zum Kurbad – mit so illustren Gästen wie Felix Mendelssohn Bartholdy und Iwan Turgenjew.

SEHENSWERT

Von den vier **Kurparks** wurde der älteste bereits 1823 angelegt. Das um 1860 eröffnete **Badehaus** beherbergt heute u. a. das Stadtmuseum (Königsteiner Straße 86; Mi., Sa./So. 15. 00–18.00 Uhr). Nach der Herzogin von Nassau ist das **Paulinenschlösschen** benannt; es diente der Dame um 1850 als Sommersitz (heute u. a. Bürgerbüro). Blickfang am Quellenpark ist das **Hundertwasserhaus**, ein turmbekröntes Wohnensemble; es bezieht das erste Bad Sodener Kurhaus, das Haus Bockenheimer von 1722, mit ein.

INFORMATION

Stadt Bad Soden, Abteilung Kultur und Veranstaltungen, Königsteiner Straße 77, 65812 Bad Soden am Taunus, Tel. 06196/20 80; www.bad-soden.de, https://taunus.info

⑥ Idstein

Fachwerkbauten aus Spätmittelalter und Renaissance prägen das Bild der zwischen den Naturparks Hochtaunus und Rhein-Taunus gelegenen einstigen Grafen- und Fürsten-Residenz (bis 1721). Im 17. Jh. war Idstein für seine Hexenprozesse berüchtigt.

SEHENSWERT

Als markantes Zeugnis des 12. Jhs. überragt der 42 m hohe **Hexenturm** in der oberen Schlossgasse die restaurierte **Altstadt**. Adelssitze wie der **Stockheimer Hof** (16. Jh., Obergasse) sind in ihr erhalten, vor allem aber viele teils reich verzierte Fachwerkbauten (König-Adolf-Platz). Hinter der eindrucksvollen Fassade des Killingerhauses (1615) residiert heute das **Stadtmuseum** (König-Adolf-Platz, Tel. 06126/782 15; Di.–Fr. 8.00–12.00 u. 14.00 bis 17.00/18.00, Sa. 11.00–16.00, So. 14.00–17.00 Uhr). Der Renaissance ist das 1614–1634 errichtete **Residenzschloss** (heute Schulgebäude) verpflichtet.

INFORMATION

Tourist-Information, Killingerhaus, König-Adolf-Platz, 65510 Idstein, Tel. 06126/7 86 20, www.idstein.de

Genießen   Erleben   Erfahren

DuMont Aktiv

Hinauf zum höchsten Gipfel

Markante Aussichtspunkte, Burgruinen, Einkehrmöglichkeiten und Natur: Der Taunus ist ein Paradies für Wanderfreunde. Am Königsteiner Bahnhof geht es los.

Altes Rathaus, Krankenhaus, Burgberg heißen die nächsten Stationen; linker Hand liegen das Schloss und Deutschlands zweitgrößte Burgruine. Dann geht es ins Woogtal und über den namengebenden Bach links steil in den Wald. Am Parkplatz Ölmühlquelle öffnet sich das Billtal; der breite Asphaltweg endet beim Stoltzeplätzchen. Ein Pfad führt weiter bergauf und kreuzt am Eselseck die Bundesstraße 8. Schon bald geht es wieder steil bergauf durch die Feldbergschneise zum Kleinen Feldberg. Auf der Höhe des Parkplatz Windeck queren wir erneut die Straße und biegen scharf rechts in einen Kiesweg ein.

Der Große Feldberg ist nun nicht mehr weit. Rechterhand bergab gelangen wir zum Parkplatz Teufelsquartier. Durch den Wald geht es leicht bergauf zum Fuchstanz, dann zu Tal bis Falkenstein. An der Gabelung am Waldrand: nach links durch das Naturschutzgebiet Falkensteiner Hain und an der Burgruine vorbei? Oder nach rechts auf dem Klärchenweg bis zum Kurbad? Beide Wege treffen sich am Ende der Adelheidstraße. Die Wiesbadener Straße hinab, leitet die Bahnstraße dann zurück zum Ausgangspunkt.

Weitere Informationen

Länge der Tour: 17 km
Dauer: ca. 5 Std.
600 Höhenmeter sind zu bewältigen. Einkehrmöglichkeiten am Fuchstanz, auf dem Feldberg, im Billtalhaus der Naturfreunde.

Markierungen: schwarzer Zeiger (bis Billtalhaus), grüner Punkt (bis Kleiner Feldberg), blaues Andreaskreuz mit Anschluss Geweih (bis Fuchstanz), schwarzes Andreaskreuz (bis Königstein).

Kleiner und Großer Feldberg, Fuchstanz und Falkenstein – die Namen der Stationen auf dieser Wanderung durch den Hochtaunus versprechen nicht zu viel.

Bäder- und andere Kultur

Zwei Metropolen vis-à-vis: Wiesbaden, die elegante Kurstadt, in der seit Römerzeiten die Thermen dampfen, Europas Adel zu Kaiserzeiten das Baden zelebrierte und heute arabische Scheichs Heilung suchen. Mainz, das sich seit der Revolutionierung des Buchdrucks durch Johannes Gutenberg weiter dem Forschen verschrieben hat, der Wissenschaft in allen Disziplinen. Hessenhauptstadt die eine, politisches Zentrum von Rheinland-Pfalz die andere. Beide voller charmanter Eigenheiten – geeint durch den Rhein und die Nähe zu berühmten Weinlagen.

Seit römischen Zeiten werden Wiesbadens Thermalquellen genutzt: das Kurhaus aus wilhelminischen Tagen.

Am Schlossplatz steht die ehemalige nassauische Stadtresidenz, heute Hessischer Landtag. Gegenüber ragt die repräsentative neugotische Marktkirche auf, einst als „Landesdom" geplant. Die umliegenden Straßen und Gassen sind wie die Langgasse als Fußgängerzone ein Bummelparadies.

Nur wenige Schritte vom Schlossplatz entfernt
reiht die Goldgasse gastronomische Angebote.

Drei Panther ziehen den Wagen der Muse der Tonkunst und Poesie:
Schmuckwerk des neobarocken Hessischen Staatstheaters.

Ein Lied, ein Lied, ein Lied. Wiesbaden hat seit 2010 endlich eins. Eine eigene Hymne sozusagen. Modern, rockig. Der dreistimmige Refrain: „So kann nur Wiesbaden sein." Kaum sechzig Sekunden dauert der Song. „Sixpack and a Girl", eine Wiesbadener Amateur-Band, hat ihn erdacht und damit die Wettbewerbsjury beim Stadtfest überzeugt. Musik liegt aber schon lange in Wiesbadens Luft: Richard Wagner, dem die Nähe zu seinem Musikverlag Schott in Mainz sehr wichtig war, logierte 1862 für fast ein Jahr in der Villa Annica am Biebricher Rheinufer und schuf dort Teile seiner Oper „Die Meistersinger von Nürnberg".

Kaum einen Kilometer Luftlinie entfernt von Wagners Villa, in der Stettiner Straße 7, entstehen bis heute außergewöhnliche Klanginstrumente: die Fagotte der Firma Heckel. Johann Adam Heckel beaufsichtigte zunächst die Musikinstrumentenproduktion der Mainzer Firma Schott, bevor er 1831 mit Karl Almenräder, Hofmusiker am herzoglich-nassauischen Hof in Biebrich, ein eigenes Unternehmen für alle Arten von Holzblasinstrumenten gründete. Bis heute ist die weltbekannte Werkstatt für Holzblasinstrumente in Familienbesitz, und ein halbes Dutzend Männer und Frauen sind mit der Herstellung der feinen Instrumente befasst, bei der nur

Die Wiesbadener Kaiser-Friedrich-Therme ist auch für die Augen wohltuend.

Die 1913 eröffnete Kaiser-Friedrich-Therme ist ein Jugendstil-Schmuckstück – hier die historische Schwimmhalle mit dem Kaltwasserbecken.

Wiesbadens Kurviertel stammt noch aus einer Zeit, als der Kurbetrieb gleichbedeutend war mit Amüsementbetrieb.

Freude zum Detail an den Becken der Kaiser-Friedrich-Therme.

Rheingau Musik Festival

Special

Tönende Weinlandschaft

Das Sydney Symphony Orchestra beim Rheingau Musik Festival im Wiesbadener Kurhaus

Vor einem Vierteljahrhundert als kleines Vereinsevent aus der Taufe gehoben, zählt das Rheingau-Musikfestival heute zu den größten Konzertveranstaltungen Europas. Mehr als 140 Programmpunkte an mehr als 40 Spielstätten – vom Weingut über Burgen bis zur Klosterkirche – locken im Sommer Tausende in die Orte zwischen Lorch und Rüsselsheim. Festival-Initiator und -Geschäftsführer Michael Herrmann sang einst selbst bei Choraufführungen in Kloster Eberbach, dessen Basilika bis heute wohl die eindrucksvollste Kulisse für die vielfältigen Stimm- und Instrumentenklänge des Festivals bildet. Der Schwerpunkt der Darbietungen liegt zwar im klassischen Bereich, aber auch Jazz, Kabarett und literarische Weinproben haben ihren festen Platz im Programm.

hochwertiges Holz verarbeitet wird, das zuvor mindestens zwölf Jahre gelagert wurde. Für ein einziges von ihnen bedarf es rund 300 Arbeitsstunden.

Dampf in allen Gassen

Wiesbaden lässt täglich kräftig Dampf ab. Mehr als zwei Dutzend heiße Quellen brodeln unter dem Stadtgebiet – mit Temperaturen bis zu 67 Grad. Eine Million Liter Wasser liefern sie in 24 Stunden – unter anderem auch für die Beheizung des Rathauses. Hauptsächlich dienen die Thermen jedoch der Trink- oder Badekur – und modernen Wellnessanwendungen. Am berühmten Kochbrunnen etwa, in den Hotels „Schwarzer Bock", „Zum Bären" oder „Nassauer Hof", hervorgegangen aus den ältesten historischen „Badhäusern" der Stadt, an der Schützenhofquelle oder im Kaiser-Friedrich-Bad. Der prachtvolle Thermenbau von 1913 ist mit seinen Säulen und Ornamenten, mit Tepidarium, einem körperwarmen Ruheraum, Sudatorium und Sanarium eine Hommage an das antike Schwitzbad, auf dessen Fundamenten er steht. Denn schon die alten Römer nutzten die „Aquae Mattiacae", um nach den Kämpfen gegen die Germanen den geschundenen Legionärskörpern Gutes zu tun. Im Mittelalter begann das Geschäft mit dem heißen Wasser erneut.

Zum Rheingauer Weinort Eltville gehört heute auch Erbach mit seiner 600-jährigen Kirche. Löwenbewacht ist der Aussichtspunkt auf dem Wiesbadener Neroberg mit seinem Tempelchen. Hinauf gelangt man am besten mit der Bahn – als „Antrieb" hat sich seit 1888 Wasserballast bewährt.

In Eltvilles Altstadt ist romantisch-altväterlich wirkende Architektur zu finden.

Auch wenn
feudales Kurleben
in Wiesbaden längst
der Vergangenheit
angehört, zeichnen
unverändert Eleganz
und Wohlstand
die hessische
Landeshauptstadt aus.

Im 19. Jahrhundert avancierte Wiesbaden dann zum Modebad für Adel und Großbürgertum aus ganz Europa. Schlagartig wuchs das eher verschlafene Residenzstädtchen, die bis heute das Stadtbild prägenden „Neubauten" entstanden. Anders als in Frankfurt konnten sie die Bombennächte des Zweiten Weltkriegs vergleichsweise gut überstehen. Und auch die Nachkriegsjahre, die andernorts bekanntermaßen wenig mitfühlsam mit der überkommenen Bausubstanz umgegangen sind, haben hier Historisches weitgehend geschont – was jedoch leider nicht bedeutet, dass nicht auch Wiesbadens Zentrum manchen architektonisch zweifelhaften Bau aufzuweisen hat.

Das Quellwasser indes, das seinerzeit in Bächen durchs Stadtzentrum floss und zahlreiche Wassermühlen antrieb sowie seit 1888 auch die Standseilbahn auf den Neroberg, verschwand, unter die Erde verbannt. Inzwischen besinnt sich Wiesbaden jedoch wieder seines Wassers und hat begonnen, es im Stadtbild erneut sichtbar zu machen.

American way of life

AFN und PX, White House und Wiesbaden Lodge, Mississippi-Straße und immer wieder US-Soldaten in Uniform – Wiesbaden ist nicht nur wieder russisch, sondern unverändert auch amerikanisch geprägt. Seit 1945 US-Truppen in der Kurstadt einmarschierten und den einstigen Fliegerhorst Erbenheim, Kasernen und Krankenhäuser besetzten, ist der American Way of Life in Wiesbaden verankert. Freundschaftsclubs entstanden in den Nachkriegsjahren, die Luftbrücke, über die 1948/49 die Westalliierten West-Berlin versorgten, wurde von der Wiesbadener Taunusstraße aus organisiert, Elvis Presley kam aus Friedberg herüber.

Sogar ein White House ist zu finden. 1904 ließ der Sektfabrikant Friedrich Wilhelm Söhnlein für seine aus Wisconsin stammende Ehefrau Emma eine verkleinerte Kopie des amerikanischen Regierungssitzes als Villa errichten.

Durch die 2015 abgeschlossene Verlegung des europäischen Hauptquartiers der US-Streitkräfte von Heidelberg nach Wiesbaden dürfte die alte binationale Freundschaft eine neue Blüte erfahren. Denn nun leben und arbeiten in der hessischen Landeshauptstadt knapp 20 000 US-Militärs und Angehörige – ein Drittel mehr als bisher.

Natur in allen Varianten

Grün ist in Wiesbaden kein knappes Gut. Allein der Kurpark bringt es auf 7,5 Hektar. Zusammen bedecken die

Das kulturelle Angebot in Mainz reicht von den Chagall-Fenstern in St. Stefan über die Sammlungen des Römisch-Germanischen Zentralmuseums und des Gutenberg-Museums bis hin zum prächtig ausgestatteten Dom.

Parks und Gärten der Stadt eine Fläche von fast 130 Hektar. Und fast ein Drittel des Stadtgebiets ist Wald.

Vom Warmen Damm am Staatstheater – hier flossen einst die Wiesbadener Bäche und Gräben in Weihern zusammen, später legten die Bürger Kleingärten auf dem Areal an – führt ein Rundweg gut zehn Kilometer lang durch Wiesbadens Natur. Durch die renaturierten Wiesen im Goldsteintal etwa, nördlich der Burgruine Sonnenberg, wo ein kräuterreiches Heu geerntet wird. Im einst landwirtschaftlich parzellierten Rabengrund leben heute wieder Heuschrecken und Grillen, schmettern Ammern und Nachtigallen ihr Lied. Zudem wachsen allein elf Orchideenarten. Im 1897 entstandenen Neropark lassen sich fast 500 Gehölz- und Staudenarten entdecken – ein botanisches Juwel. Ähnliches gilt für eine rund hundert Jahre jüngere Grünanlage im Aukamptal: Hier wurde auf gut 5000 Quadratmetern der Wiesbadener Apothekergarten angelegt – mit rund 240 Arzneipflanzenarten.

Im Rabengrund leben heute wieder Heuschrecken und Grillen, schmettern Ammern und Nachtigallen ihr Lied.

Im Biebricher Schlosspark indes erstaunt eher die Fauna: In dem 1200 Meter langen und 300 Meter breiten, vom Mosbach durchflossenen Grünstreifen haben sich mehrere Arten Papageien angesiedelt. Nur während des traditionellen Pfingstreitturniers im südwestlichen Teil des Parks machen ihnen stolze Pferde ein wenig Konkurrenz.

Stadt der Wissenschaften

Wie bringt man einen Kleinwagen zum Schweben? Wodurch zeichnete sich in

Alle Mainzer Straßen, die vom Rhein wegführen, sind rot beschildert, zum Rhein parallele blau: Das ehemalige Kurfürstliche Schloss, ein Renaissance-Bau, ist Sitz des Römisch-Germanischen Zentralmuseums, Heugasse und Marktplatz beherbergen vielerlei Annehmlichkeiten.

Barocker Fassadenschmuck der Löwen-Apotheke am Marktplatz, Renaissancedetail in der Mainzer Heugasse

Im Schatten des Mainzer Doms liegt der Marktplatz mit seinem Brunnen und der bekannten Heunensäule. Einst aus einem Steinbruch bei Miltenberg für den Dom gebrochen und dann doch nicht verwendet, gehört sie zu den städtischen Wahrzeichen.

Mainz erinnert in seinem Zentrum noch sehr an fürstbischöfliche Zeiten.

Mainz ist eine der fernsehbekannten Hochburgen des Karnevals, hier die „Määnzer Fassenacht" genannt. Neben zahlreichen Prunksitzungen und Fastnachtsbällen ist vor allem der Rosenmontagszug bekannt.

byzantinischer Zeit das Steinsägen-Modell aus Ephesos aus? Warum genau gilt Johannes Gutenberg als Revolutionär der Buchdruckkunst? Wissenschaft und Forschung spielen in Mainz seit jeher eine wichtige Rolle. Erstes Zentrum war das Stift St. Alban vor den Toren der Stadt, dessen Ruhm als Klosterschule auf den 847 zum Mainzer Erzbischof berufenen Rabanus Maurus zurückgeht. Bereits 1477 wurde Mainz Universitätsstadt – vor allem in Sachen Medizin machte sie sich rasch einen Namen. Auch die Fachrichtungen Musik, Kunst und Sport sind den hier Studierenden nicht fremd.

Und für die Umsetzung der wissenschaftlichen Ergebnisse und weitere Grundlagenforschung sorgen die Max-Planck-Institute für Chemie und für Polymerforschung. Kein Wunder, dass der Stifterverband für die Deutsche Wissenschaft Mainz den Titel „Stadt der Wissenschaften" verlieh.

Dom plus Synagoge

„Dieser Dom über der Rheinebene wäre mir in all seiner Macht und Größe im Gedächtnis geblieben, wenn ich ihn auch nie wieder gesehen hätte." Der Satz stammt von der Schriftstellerin Anna Seghers, anno 1900 in Mainz unter dem Namen Nelly Reiling am Flachsmarkt als Tochter eines Kunsthändlers geboren, der sich, wie seine Frau, zum orthodoxen israelitischen Glauben bekannte. Bis zum Wüten der Nationalsozialisten war Mainz über Jahrhunderte nicht nur katholische Erzdiözese, sondern auch Schum-Stadt und damit einer der wichtigsten Orte des abendländischen Judentums.

Mehrere Synagogen hatten die christlichen Gotteshäuser als geistliche Nachbarn. Die Wichtigste stand in der Hindenburgstraße. Seit Herbst 2010 hat die rund tausend Mitglieder zählende jüdische Gemeinde von Mainz an gleicher Stelle wieder ein eigenes Haus: Das nach Plänen des Architekten Manuel Herz geschaffene expressive Gebäude ist dem

1850 gründete Christian Adalbert Kupferberg seine „Fabrication moussierender Weine" in Mainz.
Bis heute lagern in den Gärkellern, zum großen Teil noch aus dem Mittelalter, Sektflaschen bis zur Reife.

Hier lässt sich der Rhein-Blick genießen:
Restaurant „Bellpapper" im Mainzer Hyatt-Hotel.

Ingelheim ist vor allem als Rotweinstadt bekannt.

Die Kaiserpfalz von Ingelheim diente vom 8. bis ins 11. Jahrhundert als zeitweilige Residenz. Eindrucksvolle Reste erinnern an diese Zeiten.

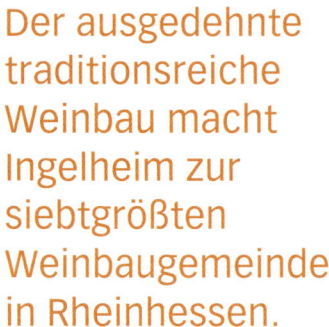

Der ausgedehnte traditionsreiche Weinbau macht Ingelheim zur siebtgrößten Weinbaugemeinde in Rheinhessen.

alttestamentarischen Wort „Kadoscha" (segnen) verpflichtet, seine Fassade mit grünen Keramiktafeln verkleidet. Das Geld für den Tora-Schrank stifteten das Bistum Mainz und die Evangelische Kirche in Hessen und Nassau – ein schönes Zeichen für die christlich-jüdische Verständigung.

Weck, Worscht und Woi

Weinbau in Mainz? Aber ja doch! Schon seit der Römerzeit. Und spätestens vom Mittelalter an spielt er eine höchst wichtige Rolle im Wirtschaftsleben der Stadt. Sogar in der Schedelschen Weltchronik, die 1493 den Weltenlauf enzyklopädisch darstellte, ist das Verladen der Weinfässer bildlich dokumentiert. Mit rund 450 Hektar wies Mainz einstmals die größte Rebfläche einer „Großstadt" in Deutschland auf. Heute liegt sie bei immerhin noch 200 Hektar und damit zwei Prozent des Stadtareals. Die Weinstöcke stehen vor allem in den südlichen Gemeinden Ebersheim, Hechtsheim, Laubenheim und Bretzenheim. Ein neuer Weinberg wurde 2007 unterhalb der Zitadelle angelegt. Im Mainzer Hafen steht bis heute ein historisches Weinlager. Und unter den großen Häusern am Kästrich und in der Kaiserstraße befinden sich beachtliche Kelleranlagen – darunter auch jene der

Sektkellerei Kupferberg. Mit sieben Etagen ist sie weltweit Spitzenreiter in Sachen Tiefe.

Welch wichtige Rolle der Wein bis heute in Mainz spielt, zeigen auch das Denkmal des Schoppenstechers und das Mainzer Marktfrühstück, wo Winzer der Region ihren Wein servieren, während der Gast dazu seine gerade frisch erstandenen Viktualien verspeist. Vielleicht liegt sogar ein Stück Jambon de Mayence auf dem Teller – diese lokale Schinkenspezialität wurde schon um 1900 bis nach Frankreich exportiert.

Es begann mit Karl

Karl der Große, so will es die Sage, verfügte die Pflanzung der ersten Burgunderrebe in der Nähe seiner Ingelheimer Pfalz. Doch nicht nur roter – und ebensoviel weißer – Wein gedeiht prächtig. Auch mit Spargel, vor allem aber mit Sauerkirschen hat sich der Ort europaweit einen Namen gemacht. Für weitere Bekanntheit sorgt seit Ende des 19. Jahrhunderts das bis heute familiengeführte pharmazeutische Unternehmen Boehringer. Angefangen hatte es mit 28 Angestellten, die in der kleinen Weinsteinfabrik Weinsäuresalze für Apotheken und Färbereien herstellten. Heute hat das Unternehmen allein in Ingelheim über 8000 Mitarbeiter.

Besondere Shopping-Adressen

Individuell einkaufen

Retromode einkaufen in einem Salon wie aus den 50ern, Designern in ihrem Atelier auf die Arbeitsplatte schauen, in handgemachten Bürsten, Notizbüchern und Wohnaccessoires schwelgen – es gibt viele Alternativen zur Shoppingmall.

2 Treehouse

Designprodukte, die mit viel Liebe in der Region hergestellt werden – so wirbt dieser junge Store direkt hinter dem Dom. Hinter dem Konzept stecken zwei Designerinnen des Frankfurter Taschenlabels frisch Beutel, die sich mit den Leuchtendesignern von Lichtliebe zusammengetan haben. Daher gibt es in dem kleinen Laden nicht nur die ausgefallenen Lampen und personalisierten Leuchtkästen von Lichtliebe, sondern auch Geld- und Tabakbeutel, Mäppchen, Shopper und andere Bags sowie weitere Produkte aus der Umgebung.

Treehouse Designstore, Weckmarkt 7, Frankfurt, www.frisch-shop.de

1 Brandbook

Notizbücher nach Maß: ob mit Außenaufdruck oder persönlicher Innengravur, außergewöhnlichem Papier oder spezieller Bindeart – es gibt so gut wie nichts, was nicht machbar wäre für das Team des Frankfurter Unternehmens NEXT design+produktion, wenn es um eine schöne Kladde geht. Allerdings müssen von jedem dieser Unikate mindestens 25 Stück abgenommen werden.

NEXT design+produktion GmbH, Gutzkowstraße 25, Frankfurt, www.brandbook.de

3 Evelyn Toomistu Design

AtelierFrankfurt ist ein gemeinnütziger Verein, der Künstler und künstlerische Prozesse fördert. In seinen Räumen, der einstigen Firmenzentrale einer Lebensmittel-Einzelhandelskette, arbeiten inzwischen mehr als 140 Kreative aller Sparten. Im sechsten Stock liegt das zugleich als Showroom dienende Atelier der Mode-, Textil- und Lederdesignerin Evelyn Toomistu. Die Modelle ihrer fantasievollen Handschuh-Kreationen aus Fischhaut, Lamm- und Rindsleder sowie ihre Taschen und Accessoires präsentiert die gebürtige Estin kunstvoll in hellen Holzrahmen, auf Regalbrettern und Leitersprossen.

AtelierFrankfurt. 6 Etage, Raum 6.12, Schwedlerstr. 1–5, Frankfurt, http://evelyntoomistu.com

4 Rigby & Peller

Hoflieferant von Königin Elisabeth – das hätten sich die beiden Korsettmacherinnen, die 1938 in London ihr erstes Geschäft eröffneten, wohl nicht erträumt. Inzwischen ist das Traditionsunternehmen in belgischem Besitz und hat nun auch einen Shop in Frankfurts neuem ma'ro Opernquartier eröffnet. In stilvollem Ambiente beraten fachkundige Verkäuferinnen die Kundschaft zu den Themen Lingerie sowie Nacht- und Bademoden.

Neue Mainzer Straße 80, Frankfurt, Tel. 06 9/29 99 29 55

LIEBES
DIENSTE

home

Möbel I Objekte I Feinkost

6

Hessen

Bad Nauheim

Bad Homburg
v.d.Höhe

Wiesbaden

Frankfurt a.M. **1** **7** Hanau

Offenbach
a.M.

Neu-
Isenburg

Bayern

9

Mainz
Rheinland-
Pfalz

Rüssels-
heim

Main

Aschaffen-
burg

Darmstadt

8

Rhein

3

6

5 Peggy Sue

Ganz im Stil eines Mode-
salons der 1950er-Jahre ist
Angela Henns Vintage-Läd-
chen im Sachsenhausener
Brückenviertel gehalten.
Neben schönen Kleidern
mit Retrocharme (sogar für
Bräute) sowohl von internationalen Fashion-Labels als
auch von jungen Designern
aus der Rhein-Main-Region
umfasst das Angebot pas-
sende Accessoires wie
Schmuck, Taschen und
Strümpfe sowie kleine Ge-
schenke im Retrolook.

Wallstraße 20, Frankfurt,
www.peggysuefrankfurt.de

6 Liebesdienste home

In dem Gute-Laune-Kauf-
haus kann man nicht nur
skandinavische Möbel und
Accessoires entdecken,
sondern auch besondere
Feinkost. Hier werden Ideen
bei einem Espresso oder einem kühlen Drink gespon-
nen und Leckereien verkos-
tet. Das Angebot reicht von
der puristischen Anlehngar-
derobe über coole Karten
bis hin zu handgefertigten
Objekten des Hofheimer Fa-
milienbetriebes fuchs · feines aus holz. Seine feinen
Vasen, Kerzenständer,
Schmuckkästchen und Stift-
halter werden aus altem
Fachwerkholz gefertigt

Oederweg 44, Frankfurt,
Tel. 069/50 927 433, www.
liebesdienste-home.de,
www.fuchs-feinesausholz.
de

7 Bürstenhaus

Der Name des Ladens wird
dem Sortiment keinesfalls
gerecht. Denn zu den diversen Bürsten für Haar und
Haut, Geschirr und Mobiliar
gesellen sich noch Rasier-
pinsel, Tischbesen aus Zie-
genhaar, Holz- und Horn-
kämme, leinerne Massage-
tücher und Piquéschlaf-
decken sowie Fuß- und Ba-
dematten nach Maß. Viele
der Dinge sind handgefer-
tigt, einige werden exklusiv
für das Bürstenhaus hergestellt.

Töngesgasse 27, Frankfurt,
www.buerstenhaus.de

8 werkstoff by doris laubner

Doris Laubner setzt in ihrer
Mode auf Nachhaltigkeit.
Daher kommen ihre
Stoffe – Schurwolle für den
Winter, Leinen für den Sommer – vorwiegend aus
Deutschland. Nur zwei Klei-
derstangen passen in das
Ladenatelier der Designe-
rin, die ursprünglich Kunstgeschichte und Archäologie
studierte, um dann doch in
die Fußstapfen ihres Groß-
vaters zu treten. Bis zu 30
Teile pro Saison umfasst
eine werkstoff-Kollektion,
alle sind miteinander kom-
binierbar und zeichnen sich
aus durch klare Linien mit
unkonventionellen Details.

Liebfrauenstraße 55,
Darmstadt, Tel. 01 77 /
1 66 38 27, www.werkstoff
-by-doris-laubner.de

9 Jourdan

Ein wahres Herrenzimmer
erwartet den Mann im
Maßatelier von Heiko Jour-
dan – mit Weinregal, edler
Kaffeemaschine, Whiskey
und Bränden sowie einem
gut gefüllten Humidor. In
diesem Salon auf der Etage
lassen sich entspannt Stil-,
Stoff- und Farbwünsche be-
sprechen, sei es für einen
Leinenanzug mitten im
Winter oder das passende
Outfit zum Oldtimer. Nach
spätestens drei Wochen
wird das fertige Stück dann
von der Tochter-Manufaktur
in Saarbrücken geliefert.

Wagemannstraße 13,
Wiesbaden, Tel. 06 11 /
44 76 01 21, www.jourdan
-wiesbaden.de

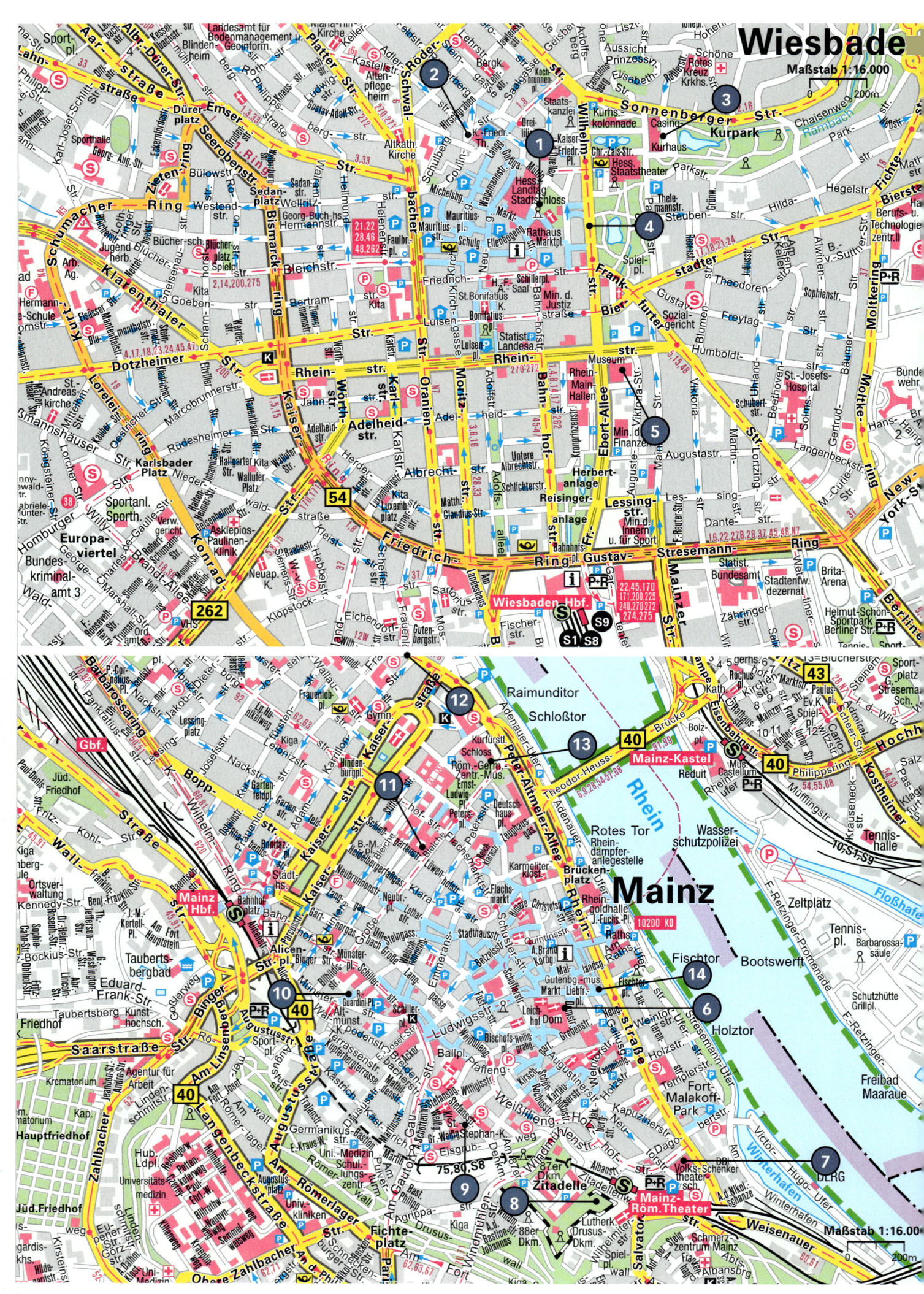

Zwei traditionsreiche Metropolen

Römischer Wurzeln rühmen sich beide, doch trennt die hessische und die rheinland-pfälzische Landeshauptstadt mehr als der Rhein. Die Kurstadt Wiesbaden atmet noch immer die Eleganz des 19. Jahrhunderts, der Bischofssitz Mainz positioniert sich verstärkt als Stätte der Wissenschaft.

● Wiesbaden

Zwei Dinge bestimmen den Charakter Wiesbadens: heiße Quellen, die schon in der Antike sprudelten, und die ebenso vielgestaltige wie geschlossene Jahrhundertwende-Architektur (um 1900). Bereits in merowingischer Zeit (8. Jh.) Sitz eines Königshofs, ab 1744 nassauische Residenz, erblühte Wiesbaden unter den Preußen (ab 1866) zum „Nizza des Nordens". Seit 1945 ist das einstige europäische Modebad Hauptstadt (278 000 Einw.) des Bundeslandes Hessen und seit jüngstem auch Kongress- und Filmstadt.

SEHENSWERT

Mittelpunkt der weitgehend verkehrsberuhigten **Altstadt** ist der **Schlossplatz** ❶. Im spätklassizistischen **Stadtschloss** (1837–1842) des Herzogs von Nassau residiert seit 1946 der Hessische Landtag. Benachbart sind das **Alte Rathaus** (Renaissance, 1610; Standesamt) und das **Neue Rathaus** (Neorenaissance, 1887) mit der Stadtverwaltung. Der Ziegelbau der neugotischen ev. **Marktkirche** (1882) prunkt mit einem 98 m hohen Westturm, der den einstigen Nassauer Landesdom zum höchsten Bauwerk im Zentrum macht. Wenige Schritte sind es zur 1913 im Jugendstil fertiggestellten **Kaiser-Friedrich-Therme** ❷ (Langgasse 38–40, Tel. 0611/31 70 60; Sept.–April Mo.–Fr. 10.00 bis 22.00, Sa./So. 10.00–24.00, Mai–Aug. tgl. 10.00–22.00 Uhr) und von dort zum **Kochbrunnentempel** (1890); der 67 °C heiße Kochbrunnen ist mit 500 000 Litern pro Tag kräftigste Wiesbadener Thermalquelle. Am westl. Altstadtrand (westl. der Kaiser-Friedrich-Therme) beginnen am auf antiken Fundamenten romanisierend errichteten **Römertor** (1903) die Reste der **Heidenmauer**, einer römischen Befestigungsanlage aus dem 4. Jh. Auf den römischen Ursprung der Stadt verweist auch die Inschrift „Aquis Mattiacis" (den Wassern der Mattiaker geweiht) am neoklassizistischen **Kurhaus** TOPZIEL ❸ (1907), Blickfang am Kopfende des sogenannten Bowling Greens, einem langen Rasenrechteck mit Wasserbecken und Brunnen; im Kurhaus ist auch das Spielcasino untergebracht. Die klassizistischen **Kurhauskolonnaden** (1825) zur Linken gelten

Schloss Biebrich am Rhein in Wiesbaden Biebrich (oben)
Eltvilles Kurfürstliche Burg

mit fast 130 m als längste Säulenhalle Europas. Rechter Hand erstrecken sich die Theaterkolonnaden mit dem **Hessischen Staatstheater** (Neobarock, 1894). Hinter dem Gebäudeensemble beginnt der 1852 als englischer Landschaftsgarten angelegte **Kurpark**.
Markante Flaniermeile zwischen dem „historischen Fünfeck" und dem Kurbezirk ist die elegante **Wilhelmstraße** ❹, an der neben noblen Geschäften und Cafés auch die beiden wichtigsten Museen der Stadt stehen, das 1817 erbaute **Erbprinzenpalais** (Industrie- und Handelskammer) und die **Villa Clementine** (1882), heute Wiesbadener Literaturhaus – mit Lesecafé (Frankfurter Straße 1, www.literatur-in-wiesbaden.de).
2,5 km nördl. der Wilhelmstraße liegt der **Neroberg** (245 m; außerhalb der Karte) mit der russisch-orthodoxen Kirche (1855), dem Monopteros-Tempel (schöner Blick), einem Beispiel des Neuen Bauens, dem **Opelbad** aus den 1930er-Jahren (Tel. 0611/17 46 49 90; Mai bis Sept. tgl. 7.00–20.00 Uhr) und einem modernen Klettergarten (0611/5 80 22 46, www.

kletterwald-neroberg.de). Vom Nerotal verkehrt seit 1888 eine Standseilbahn auf den Wiesbadener Hausberg (Tel. 0611/2 36 85 00, www.neroberg bahn.de; April, Sept./Okt. tgl. 10.00–19.00, Mai–Aug. 9.00–20.00 Uhr).

MUSEEN

Vor allem für seine Expressionisten-Sammlung – u. a. die bedeutendste Jawlensky-Kollektion in Europa – ist das **Museum Wiesbaden** ❺ bekannt. Neben seiner Gemäldegalerie besitzt das 1915 eröffnete Haus eine große Naturwissenschaftliche Sammlung sowie eine Kollektion Nassauischer Altertümer; letztere werden künftig im neuen Stadtmuseum an der Wilhelmstraße zu sehen sein (Friedrich-Ebert-Allee 2, Tel. 0611/3 35 22 50, www.museum-wiesbaden.de; Mi., Fr., Sa. 10.00–17.00, Di. und So. 10.00–20.00 Uhr). 1847 gegründet, präsentiert der **Nassauische Kunstverein** auf drei Altbauetagen regelmäßig aktuelle künstlerische Produktionen (Wilhelmstraße 15, Tel. 0611/30 11 36, www.kunstverein-wiesbaden.de; Di. 14.00–20.00, Mi.–Fr. 14.00–18.00, Sa./So. 11.00–18.00 Uhr). Park und Gebäude von **Schloss Freudenberg** (1904; s. Karte S. 88) fungieren als Kulturzentrum. Herzstück ist das „Erfahrungsfeld zur Entfaltung der Sinne und des Denkens"; an rund 60 Stationen werden spielerisch Naturphänomene wie Gleichgewicht, Schwerkraft, Licht und Finsternis, Klang und Resonanz vermittelt (Freudenbergstraße, Wiesbaden-Dotzheim, Tel. 0611/4 11 01 41, www.schlossfreudenberg.de; April–Okt. Mo.–Fr. 9–18 Uhr, Sa./So. 11.00–18.00 Uhr).

VERANSTALTUNGEN

Seit 1896 werden im Hessischen Staatstheater die Internationalen **Maifestspiele** ausgerichtet – mit eigenen Inszenierungen und Gastproduktionen aus Oper, Schauspiel und Tanz (www.maifestspiele.de). Das **Wilhelmstraßenfest („Theatrium")** Anf. Juni gilt als größtes Straßenfest Deutschlands.

EINKAUFEN

Der junge Zuckerbäcker Florian Köller bietet in seinem **L'art Sucré** (Am Römertor 7) handgemachte Pralinen und Schokoladen sowie klassische französische Patisserie auf Gourmet-Niveau.

UMGEBUNG

Im Stadtteil Biebrich (s. Karte S. 88) residierten bis zum Bau des Wiesbadener Stadtschlosses die Herzöge von Nassau. Das barocke **Schloss Biebrich** (1700–1744) am Rheinufer beherbergt heute verschiedene Behörden. Als Stadt des Weins, des Sektes und der Rosen rühmt sich **Eltville** (s. Karte S. 88). Kloster Eberbach kennen Literatur- und Kino-Fans. Fachwerkhäuser, historische Weinhöfe und schmucke Pfarrkirchen prägen die weiteren Ortsteile Erbach, Martinsthal, Rauenthal und Hattenheim. Die Kurfürstliche Burg aus dem

Tipp

Weinspaziergang

Beliebtes Spazierziel bei den Mainzern ist am Wochenende der jeweils von unterschiedlichen lokalen Winzern bestückte Weinprobierstand am Rheinufer. Vertreter fast aller der gut zwei Dutzend Mitgliedsbetriebe der Mainzer Winzer e.V. schenken im Lauf der Monate hier ihre Weine aus.

INFORMATION

Von Mitte Mai bis Oktober steht der Mobile Weinprobierstand Sa. und So. zwischen 11.00 und 21.00 Uhr am Rheinufer in Höhe Fischtor, www.diemainzerwinzer.de

Der Hohe Dom St. Martin zu Mainz (oben)
Historische Druckpresse im Gutenberg-Museum
Palais des Deutschen Ordens, Sitz des
rheinland-pfälzischen Landtags

14./15. Jh. am Flussufer beherbergt eine Gutenberg-Gedenkstätte (April–Okt. tgl. 9.30 bis 19.00, sonst 10.30–17.00 Uhr, Burgturm Nov. bis März Mo./Di., Do./Fr. 10.00–13.00 und 14.00–17.00, April–Okt. Fr. bis 18.00, Sa./So. 10.00–18.00, Nov.–März bis 17.00 Uhr, Mittw. vorm. ganzjährig geschl.). Das Zisterzienserkloster Eberbach (www.kloster-eberbach.de) war bereits im Mittelalter Zentrum des Rheingauer Weinbaus; Basilika, Kreuzgang, Refektorium usw. dienten als Kulisse für die Verfilmung von Umberto Ecos Bestseller „Der Name der Rose".

INFORMATION

Tourist-Information, Marktplatz 1, 65183 Wiesbaden, Tel. 0611/1 72 99 30, www.wiesbaden.de
Tourist-Information Eltville, Burgstr. 1 (in der Kurfürstlichen Burg), 65343 Eltville am Rhein, Tel. 06123/909 80, www.eltville.de

● Mainz

Römisches Kastell, Gutenberg-Stätte, Bischofssitz, Wissenschafts- und Medien-Metropole, eine der Hochburgen rheinischer „Fastnacht" – Mainz hat viele Gesichter. Bereits im frühen Mittelalter hatte die rheinland-pfälzische Landeshauptstadt (seit 1946; 198 000 Einw.) herausragende kulturelle, religiöse und politische Bedeutung – unter anderem als Zentrum des Judentums in Deutschland. Später wurde das „Goldene Mainz" kurfürstliche Residenzstadt – und neben Rom ist es die einzige Diözese der Welt, die den Titel eines Heiligen Stuhles führt.

SEHENSWERT

Prägnant erhebt sich der **Dom St. Martin TOPZIEL 6** im Herzen der Stadt. Im 11. Jh. eine dreischiffige romanische Säulenbasilika – die bronzenen Türflügel des Marktportals stammen noch aus dieser Zeit – umfasst das in allen Jahrhunderten umgebaute oder restaurierte Gotteshaus auch zahlreiche gotische und barocke Bauteile. Eine der Attraktionen ist der Marienaltar in der Kettelerkapelle mit der spätgotischen „schönen Mainzerin" (Domstraße 10, www.bistummainz.de; Mo.–Fr. 9.00 bis 18.30, Sa. 9.00–16.00, So. 12.45–15.00 und 16.00–18.30 Uhr, im Winter kürzer). Zu Marc Chagalls blau leuchtenden Glasfenstern in

St. Stefan **9** pilgern Hunderttausende. Für die um 990 von Erzbischof Willigis gegründete Kirche schuf der französische Künstler ab 1978 neun Fenster; weitere 17 stammen von Charles Marq aus Reims, mit dem Chagall viele Jahre zusammengearbeitet hatte (Kleine Weißgasse 12, www.st-stephan-mainz.de; Mo.–Sa. 10.00 bis 17.00, So ab 12.00 Uhr, Nov.–Feb. bis 16.30 Uhr). In dem Dreieck südlich von Dom und St. Stefan erstreckt sich die **Altstadt** mit verwinkelten Gassen und beschaulichen Plätzen, mit Fachwerkhäusern und Barock- oder Rokokobauten, hinter deren Fassaden elegante Boutiquen, Cafés und Weinstuben entstanden sind. Über die Flaniermeile **Augustinerstraße**, bis ins 17. Jh. Hauptgeschäftsader der Stadt, gelangt man zum antiken Mainz (um 15 v. bis um 350 n. Chr.) mit den Resten des **römischen Theaters 8** am Jakobsberg; die Stützpfeiler lassen die Größe erahnen: 116 m maß der Raum für rund 10 000 Besucher in der Breite, die Bühne 46 m (www.roemisches-mainz.de). Die frühesten Bauten des benachbarten und immer zugänglichen **Festungswerks** mit seinen geheimnisvollen Gängen stammen von 1660 (www.festung-mainz.de).

MUSEEN

Anlässlich des 500. Geburtstags des Erfinders der Druckkunst 1900 eröffnet, birgt das **Gutenberg-Museum TOPZIEL 14** u. a. zwei von Gutenbergs 42-zeiligen Bibeln (weltweit existieren nur noch 48), mittelalterliche Handschriften, historische Drucke, Graphiken, Druckpressen und Setzmaschinen früherer Epochen. In der rekonstruierten, 550 Jahren alten Druckerstube wird gearbeitet wie einst (Liebfrauenplatz 5, Tel. 06131/12 25 03, www.gutenberg-museum.de; Di.–Sa. 9.00–17.00, So. 11.00–15.00 Uhr).
Von der Steinzeit bis zur Gegenwart reicht die kunst- und kulturhistorische Sammlung des

Landesmuseums Mainz 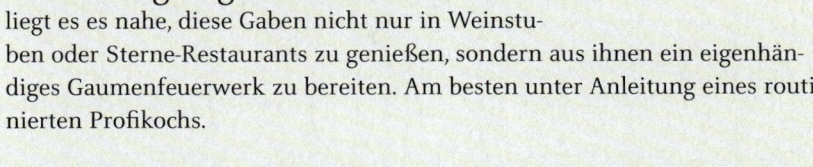 häufig ergänzt durch Sonderschauen (Große Bleiche 49, Tel. 06131/2 85 70, www.landesmuseum-mainz.de; Di. 10.00–20.00, Mi.–So. 10.00–17.00 Uhr). Forschungsstätte und archäologische Sammlung zugleich ist das **Römisch-Germanische Zentralmuseum**. Das Stammhaus im Kurfürstlichen Schloss **13** breitet die Vor- und Frühgeschichte Europas von der Jungsteinzeit bis ins frühe Mittelalter aus (Ernst-Ludwig-Platz 2, Tel. 06131/9 12 40, www.rgzm.de; Di.–So. 10.00–18.00 Uhr. Die Abteilung Vorgeschichte ist geschlossen bis zur Eröffnung des RGZM-Neubaus auf dem Neutorareal). Im **Museum für Antike Schifffahrt** **7** ist der Fund von fünf römischen Patrouillenbooten dokumentiert – u.a. mit Nachbauten in Originalgröße (Neutorstraße 2b, Tel. 06131/28 66 30, www.rgzm.de; Di.–So. 10.00 bis 18.00 Uhr).

Kunstwerke aus zwei Jahrtausenden, die ehemals zur Ausstattung des Mainzer Domes oder der Kirchen des Bistums gehörten, sind im **Dom- und Diözesanmuseum** **6** versammelt (Domstraße 3, Eingang durch Dom und Kreuzgang, Tel. 06131/25 33 44, www.dommuseum-mainz.de; Di.–So. 10.00–17.00 Uhr). Im **Stadthistorischen Museum** **8** sind Exponate zur Mainzer Geschichte, auch der jüdischen, versammelt (Zitadelle, Bau D, Tel. 06131/3 92 47 79, www.stadtmuseum-mainz.de; Fr. 14.00–17.00, Sa. und So. 11.00–17.00 Uhr). Wer sich für die „fünfte Jahreszeit" interessiert, findet im **Fastnachtsmuseum** **10** Erfüllung (Neue Universitätsstraße 2, Tel. 06131/1 44 40 71, www.mainzer-fastnachtsmuseum.de; Di.–So. 11.00 bis 17.00 Uhr). Die **Kunsthalle Mainz** **12** präsentiert Wechselausstellungen zu aktuellen künstlerischen Positionen (Am Zollhafen 3, nördl. außerhalb der Karte, Tel. 06131/12 69 36, www.kunsthalle-mainz.de; Di./Do., Fr. 10.00 bis 18.00, Mi. 10.00–21.00, Sa./So. 11.00–18.00 Uhr).

VERANSTALTUNGEN

Auf der Zitadelle findet an Pfingsten das **Open-Ohr-Festival** mit Live-Rock-Konzerten statt (www.openohr.de). Beim **Weinmarkt** (letztes Aug.-/1. Sept.-Wochenende) sind Rosengarten und Stadtpark einbezogen. Eine Krippe mit lebensgroßen Holzfiguren schmückt den 1788 erstmals verbrieften **Weihnachtsmarkt** auf dem Domplatz.

UMGEBUNG

Hauptattraktion der Rotweinstadt **Ingelheim** sind die Relikte der um 800 erbauten Kaiserpfalz. Sie liegt ca. 15 km westl. von Mainz auf einem Hang mit Blick auf die Rheinebene (beschilderter Rundweg). Im Museum und Besucherzentrum Kaiserpfalz sind die Geschichte der Palastanlage und die jüngsten Ausgrabungen dokumentiert (www.museum-ingelheim, www.kaiserpfalz-ingelheim.de).

INFORMATION

Mainz Tourismus, Brückenturm am Rathaus, 55116 Mainz, Tel. 06131/28 62 10, www.touristik-mainz.de

Genießen   Erleben   Erfahren

DuMont Aktiv

An den Herd!

Im Rheingau gedeiht Gutes in Fülle – da liegt es es nahe, diese Gaben nicht nur in Weinstuben oder Sterne-Restaurants zu genießen, sondern aus ihnen ein eigenhändiges Gaumenfeuerwerk zu bereiten. Am besten unter Anleitung eines routinierten Profikochs.

„Vom Guten das Beste" steht mit Kreide auf der schmalen Schiefertafel über dem Kochblock zu lesen. Franz Kellers Philosophie ist einfach und herausfordernd zugleich. Jene neun Gäste, die den Weg zum „Falkenhof" gefunden haben, werden zur Begrüßung darauf eingestimmt: mit Rieslingsekt und Käse aus der Region, hausgemachtem Schinken und Wurstspezialitäten von eigenen Schweinen.

Auf dem Menü, das am Abend gemeinsam genossen werden soll, stehen fünf Gänge. Den Anfang macht das Dessert; dann geht es mit einem Mal um frischen Knoblauch in Öl, um Austern mit Meereszabaione, um die Vinaigrette, Maximkartoffeln. Rührbesen und Messer wirbeln – und in lässigem Fluss streut Franz Keller sein Wissen ein. „Ei immer nur an der stumpfen Stelle aufschlagen, damit die Innenhaut nicht verletzt wird." – „Parfaitmasse schütten, nicht träufeln!" – „Endiviensalat erst schneiden, dann waschen!" Die Kochkursteilnehmer lernen etwas über die Eigenschaften von Traubenkernöl und den Unterschied im Aussehen von freischwimmendem und gezüchtetem Steinbutt, probieren das weiße Pulver der Zuckerersatzpflanze Stevia – und verkosten nebenher eine Handvoll europäischer Weine.

Weitere Informationen

Die „Falkenhof"-Kochkurse von Franz Keller, Gründer der „Adler Wirtschaft" in Eltville-Hattenheim, finden meist vier Mal im Jahr statt. Der Preis richtet sich nach dem Thema (ab 185 €).

Eine frühzeitige Anmeldung wird empfohlen bei: Falkenhof, Franz Keller, Falkenhofstraße 1, 65321 Heidenrod-Dickschied, www.falkenhof-franzkeller.de.

Franz Keller ganz in seinem Element: Der Profikoch steht für gesunde Produkte, gutes Essen und den Verzicht auf Effekthascherei.

Ungewöhnlich ausgehen

Kunst und Musik, Klubs und Performance

Ob Open-Air-Oper oder Craftbeer-Genuss an einer ehemaligen Tankstelle, Gourmetküche im schmalsten Haus Frankfurts oder relaxen auf einem Parkhausdach – es gibt viele Möglichkeiten, einen Stadtabend zu gestalten.

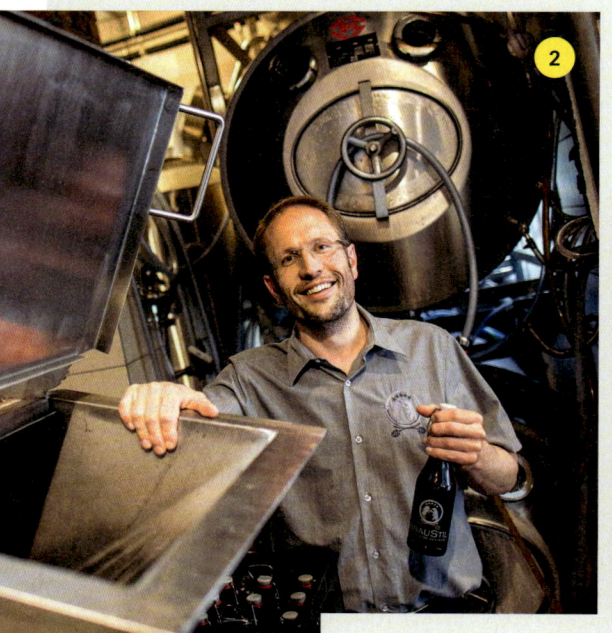

1 Kammeroper

Eine laue Sommernacht mit Verdi live und eigenem Picknick? Welch ein Vergnügen! Rainer Pudenz und sein Team aus brillanten Musikern und Sängern bringen Oper und andere Musiktheaterstücke im Sommer regelmäßig im Frankfurter Palmengarten auf die Bühne. In der kälteren Jahreszeit bilden Kirchen, historische Fabrikgebäude, Logensäle und andere ungewöhnliche Ort die Kulisse für die zuweilen burlesken Inszenierungen der seit mehr als zwanzig Jahren in der Region „wandernden" Bühne.

Kammeroper Frankfurt e.V., Tel. 06 9/55 61 89, www. kammeroper-frankfurt.de

2 Braustil

Früher gab es hier nur Benzin und Motoröl, inzwischen hat sich die ehemalige Tankstelle in eine kleine Bierspezialitäten-Manufaktur verwandelt. Fünf verschiedene Sorten werden regelmäßig gebraut, zwei bis drei davon wechseln alle paar Wochen. In der kleinen Bar kann stets alles auch als Mini-Quintett gekostet werden – und im Sommer wird im überdachten Biergarten serviert. Snacks und Grillkost steuert der benachbarte Feinkostladen bei. Und natürlich wird das Bier auch in Flaschen zum Mitnehmen verkauft.

Oeder Weg 57 , Frankfurt, 069/98 66 95 57, http://braustil.de

3 Seven Swans

Frankfurts schmalstes Haus steht direkt am Mainufer – und aus seinen beiden Obergeschossen bietet sich ein wunderbares Flusspanorama. Aufgetischt wird hier in schwarzem oder weißem Ambiente junge, kreative Gourmetküche, für die besondere Gemüsesorten und Kräuter eigens biologisch und naturnah inmitten des Bad Homburger Stadtwaldes angebaut werden.

Mainkai 4, Frankfurt, Tel. 06 9/21 99 62 26, www.sevenswans.de

4 Yachtklub

Hans Romanov, die Frankfurter Legende in Sachen Clubkultur, hat diesen schwimmenden Ort ins Leben gerufen und betreibt ihn nun als Mischung aus nachmittäglicher Lounge und abendlicher Partylocation. Wechselnde DJs legen auf in dem von Frankfurter Künstlern gestalteten Hausboot mit großer Deckterrasse; zudem gibt es musikalische Live-Acts und mitunter Theater.

Sachsenhausener Mainufer, östlich der Alten Brücke, www.yachtklub.org

5 Citybeach

Mehr als fünfzig Palmen und Olivenbäume, gut hundert Tonnen Sand sowie zwei Pools und jede Menge Liegestühle: Das alles verteilt sich auf dem Dach eines Parkhauses mitten in der Frankfurter City, nur einen Steinwurf entfernt von der Einkaufsmeile Zeil. Eine Strandinsel von 2000 m² Fläche – die sich im Winter zur Eisbahn wandelt. Für das leibliche Wohl ist natürlich auch gesorgt.

Auf dem Parkhaus Konstabler Wache, Töngesgasse 8, Frankfurt, http://citybeach -frankfurt.de

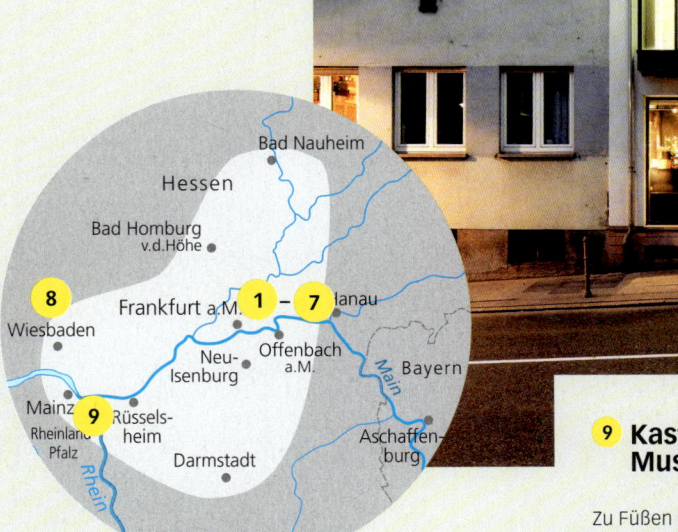

6 Dr. Hochsches Konservatorium

Bereits 1878 als Stiftung begründet, reicht die Palette dieser Musikstätte in unmittelbarer Nachbarschaft der neuen EZB heute von der Frühförderung bis zum Bachelor-Studium. Entsprechend vielfältig ist das Konzertangebot in den beiden Sälen (von denen einer zu Ehren der einstigen Klavierdozentin Clara Schumann benannt ist). Der Programmbogen spannt sich vom Gitarrenfrühling über Violinabende und Trompetenkonzerte bis hin zu französischen Renaissance-Chansons zur Laute.

Sonnemannstr. 16, Frankfurt, Tel. 06 9/21 24 48 22, www.dr-hochs.de

7 Blaues Haus

Performance, Ausstellungseröffnungen, Konzerte, Salonabende – das Blaue Haus am Niederräder Mainufer firmiert als „Verein für Kunst und Freie Zeit" und versteht sich als „Begegnungsstätte zur Bündelung und freien multikulturellen Entfaltung gemeinsamer Fähigkeiten und Interessen". Was kompliziert klingt, mündet in der Regel jedoch in spannende Erlebnisse von Stimme und Gestalt, Farbe und Musik.

Niederräderufer 2, Frankfurt, Tel. 01 57 /35 17 02 84, http://blaueshaus
-frankfurt.de

8 Hessisches Staatsballett

Aus zwei mach eins – nicht nur aus Kostengründen fusionierten 2014 die beiden Tanzkompanien von Wiesbaden und Darmstadt. Die Folge: ein enormer Kreativitätsschub. Abwechselnd treten die dreißig Tänzer nun in beiden Städten auf – mit neuen, eigens für das internationale Ensemble choreografierten Stücken wie „Grenzgänger", „Weltenwanderer" oder einer zeitgenössischen Sicht auf das Märchen vom „Aschenputtel". Zudem werden Arbeiten renommierter Choreografen wie der Kanadierin Crystal Pite gezeigt, die einst mit William Forsythe arbeitete. Eines der außergewöhnlichsten Projekte bisher trägt den Namen Odyssee_21: Eine Spielzeit lang traf sich das Ballett-Team dafür mit 140 Menschen aller Gesellschaftsschichten, Nationen und Altersstufen, um über das Thema Heimat und Heimatlosigkeit zu reflektieren.

www.hessisches
-staatsballett.de

9 Kasteler Museumsufer

Zu Füßen der historischen Mainzer Reduit-Kaserne zeigt das Rheinufer in den Sommermonaten ein besonders einladendes Gesicht: Zum einen ankert hier das Strandschiff Pieter van Aemstel vor einem kleinen sandigen Uferabschnitt mit Liegestühlen. Zum anderen lädt ein mobiler Kiosk mit Bierbänken direkt am Fluss zur Einkehr. Und wer es stilvoller mag, wählt ein paar Schritte weiter das Restaurant Bastian von Schönborn im einstigen Blockhaus der Reduit, von dem aus man ebenfalls ein wunderbares Flusspanorama genießt.

Rheinufer, Mainz-Kastell, südlich der Theodor-
Heuss-Brücke

Einkaufen in der Kleinmarkthalle
Rast am Großen Feldberg
Sachsenhausener Laubenwirtschaft

Service

Keine Reise ohne Planung. Auf den folgenden Seiten haben wir für Sie Wissenswertes und wichtige Informationen für Ihren Aufenthalt in und bei Frankfurt zusammengestellt.

Anreise

Mit dem Auto: Das Rhein-Main-Gebiet und Frankfurt sind durch die Autobahnen A 5 (Nord–Süd) und A 3 (Ost–Nordwest) bestens in das bundesdeutsche Straßennetz eingebunden. Die A 66 verbindet Frankfurt mit Wiesbaden, Mainz und dem Rheingau.
Mit der Bahn: Frankfurt ist ein wichtiger Schienenknotenpunkt, der Hauptbahnhof ist der verkehrsreichste Bahnhof in Deutschland. Fast stündlich gibt es ICE-Verbindungen mit allen Großstädten Deutschlands. Im Untergeschoss des Hauptbahnhofs liegt eine S- und U-Bahn-Drehscheibe zur Weiterfahrt in die

City oder die Region (www.bahnhof.de, www.bahn.de).
Mit dem Flugzeug: Von und nach „FRA" gibt es wöchentlich mehr als 4000 Verbindungen von rund 130 Fluglinien von/zu fast 300 Zielen in mehr als hundert Ländern – schließlich ist der Frankfurt Airport mit seinen 53 Mio. Fluggästen pro Jahr als drittgrößter Flughafen Europas Drehkreuz des mitteleuropäischen Flugverkehrs. Die Fahrzeit zwischen Flughafen und Hauptbahnhof beträgt auf der Schiene nur 15 Min.; ein Bus fährt vom Terminal 1 nach Sachsenhausen (Südbahnhof). Zahlreiche

Hotels bieten Shuttle-Services. Haltestellen befinden sich vor dem Terminal 1, Bereich A, Ebene 1 und Terminal 2, Bereich D/E, Ebene 2 (www.frankfurt-airport.de).

Auskunft

Tourist Information Römer, Römerberg 27, Tourist Information Hauptbahnhof, Empfangshalle; beide: Tel. 069/21 23 88 00, www.frankfurt-tourismus.de
Taunus-Informationszentrum, Hohemarkstraße 192, 61440 Oberursel (Taunus), Tel. 06171/50 78 20, www.taunus.info
Mainz Tourismus, Brückenturm am Rathaus, 55116 Mainz, Tel. 06131/2 86 21 22 (allgemeine Auskünfte), Tel. 06131/2 86 21 28 (Zimmerreservierung), www.touristik-mainz.de

Essen & Trinken

Frankfurt steht natürlich für seinen Apfelwein und die ihn begleitende Küche – wobei neben der traditionsreichen Variante von **Rippchen mit Kraut** und **Handkäs mit Musik** junge Köche inzwischen auch zeitgenössische Variationen der Grundzutaten wie „Hessentapas" auftischen. Die frühlingsfrische **Grüne Soße** gehört ebenfalls zu Mainhattan; der buttermächtige **Frankfurter Kranz** mit Cremefüllung und Krokantstreusel wird

Info

Frankfurt Card

Ermäßigung in mehr als 20 Frankfurter Museen, im Zoo und im Palmengarten sowie im Schauspiel erhalten Inhaber einer Frankfurt Card. Zudem kann man mit diesem Sonderticket beliebig oft auf allen Linien des Rhein-Main-Verkehrsverbundes fahren (1.Klasse und Nachtbus sind zuschlagspflichtig). Die Frankfurt Card gibt es u. a. bei der Tourist Info am Hauptbahnhof und am Römer. Einzelkarte (1-Tag) 10,50 € bzw. 15,50 € (2 Tage); Gruppenkarte 20,50 € bzw. 30,50 €

Info

Frankfurt im Überblick

Über 150 m hoch sind sie nahezu alle, die Bankentürme. Aber nur der 200 m aufragende Maintower besitzt eine Aussichtsplattform für jedermann – ein besserer Panoramablick über die Mainmetropole ist kaum zu haben (Neue Mainzer Straße 52; Sommer So.–Do. 10.00–21.00, Fr./Sa. 10.00–23.00, Winter So.–Do. 10.00–19.00, Fr./Sa. 10.00–21.00 Uhr, 6,50 €, www.maintower.de). Wem die Plattform zu zugig ist, kann auf 187 m mit dem Restaurant im 53. Stock vorliebnehmen (www.maintower-restaurant.de).

Aussichtsplattform auf dem Maintower

indes immer seltener in den lokalen Kaffee-häusern gesichtet. Gleiches gilt für das **Frankfurter Würstchen** – ihm hat die Rindswurst eines lokalen Metzgers zumindest in und um Frankfurt längst den Rang abgelaufen. Nach wie vor beliebt sind die **Bethmännchen** – süße kleine Kugeln aus Mandelmasse, wie sie im Hause des Bankiers Bethmann genascht wurden.

Um den Wein hat sich an Main und Rhein ebenfalls eine neue kulinarische Haltung ent-wickelt – mit leichten Gerichten, die nicht nur gut zur Säure, Restsüße oder zum Ausle-searoma eines Riesling, Grauburgunder etc. passen, sondern oft auch direkte Zutat sind. Neben diesen „gehobenen" Weinschmecke-reien gibt es auch in den Rebregionen – ob in Mainz, Eltville, Ingelheim oder Wiesbaden – nach wie vor die deftige Winzerkost; einen Spundekäs' etwa, den legendären **Mainzer Schinken** …

Kinder

Spiel und Spaß, interaktives Lernen, Tiere, Tret-boot und Theater – Frankfurt und Umgebung bieten dem Nachwuchs allerhand Abwechslung.
Frankfurt: Zum Ausprobieren und Erforschen, aber auch zu künstlerischer und handwerkli-cher Aktivität lädt das Kindermuseum (http://kindermuseum.frankfurt.de.) mit seinen Werk-stätten und dem Minimuseum für Zwei- bis Fünfjährige. Im Struwwelpetermuseum (Schu-bertstraße 20, www.struwwelpeter-museum.de; Di.–So. 10.00–17.00 Uhr, in den hess. Schul-ferien auch Mo.) dreht sich alles um die be-rühmten Figuren des gleichnamigen Buches und das Leben seines Autors Heinrich Hoff-mann. Um wissenschaftliche Phänomene wie den Schall geht es u.a. im Exploramuseum (Glauburgplatz 1, www.exploramuseum.de; tgl. 11.00–18.00 Uhr). Ganz oben auf der Wunsch-liste stehen in der Regel die Dinosaurier und die Riesenschlange im Senckenberg-Museum (Senckenberganlage 25, www.senckenberg.de; Mo.–Fr. 9.00–17.00, Mi. 9.00–20.00, Sa./So. 9.00–18.00 Uhr), wo man auf einer Rallye auch andere Schätze entdecken kann.
Zoos sind immer eine Attraktion. Ungewöhn-liche Einblicke in das Tierleben zur Schlafens-zeit der Menschen gibt das Nachttierhaus des Frankfurter Zoos (Bernhard-Grzimek-Allee 1, www.zoo-frankfurt.de, tgl. 9.00–19.00, im Win-ter 9.00–17.00 Uhr).
Um Ritter, Nachtwächter, den kleinen Goethe oder Fränki, den Stadtadler, geht es bei den Stadttouren für Kinder der Kulturothek (www.kulturothek-frankfurt.de). Die Minischirn ist ein künstlerischer Spiel und Lernparcours für Kinder ab 3 Jahren (www.schirn.de); das Stä-delmuseum bietet für Kinder ab 6 Jahren den Kinderkunstclub an (www.staedelmuseum.de). Kindgerechte Bühnenerlebnisse bieten das Freie Theaterhaus (Schützenstraße 12, www.theaterhaus-frankfurt.de) und das Papageno-Musik-Theater im Palmengarten (Eingang Siesmayerstraße, www.papageno-theater.de), wo man vor der Vorstellung auf dem Weiher noch schnell eine Ruderboottour machen kann.
Der Main lädt am Eisenen Steg ein zum Tret-bootfahren (Tel. 069/62 19 35, www.bootshaus-dreyer.de). Am Nordufer des Mains verkehrt an Wochenenden die Historische (Dampf-)Eisenbahn Frankfurt (www.frankfurt-histori sche-eisenbahn.de).
Im Kinderspielcafé Zebulon (Grempstraße 23, www.kindererlebnis.de/zebulon.htm; Mo.–Sa. 15.00–18.00, So. 9.00–18.00 Uhr) sind die Kleinen König und dürfen entdecken und to-ben, während Mama, Papa oder Großeltern Kuchenpause machen.
Mainz: Hier gibt es einen eigenen Kinderstadt-plan (http://www.jugend-in-mainz.de/kinder stadtplan.html).
Taunus: Hier lassen Opelzoo (Kronberg) und Saalburg (Bad Homburg) Kinderherzen ebenso höher schlagen wie der nahegelegene Freizeit-park Lochmühle (www.lochmuehle.de) in Wehr-heim und das Taunus-Wunderland (www.taunuswunderland.de) in Schlangenbad bei Wiesbaden.
Wiesbaden: Der Kinderkalender (www.kikawi.de) listet ganzjährige Angebote für den Nach-wuchs auf.

Öffentlicher Nahverkehr

Durch den Rhein-Main-Verkehrsverbund mit seinem Einzugsgebiet von gut 5 Mio. Men-schen sind Städte wie Frankfurt, Wiesbaden,

Info

Daten & Fakten

Bevölkerung und Wirtschaft: Frankfurt, Wiesbaden, der Taunus und Darmstadt gehö-ren zum Bundesland Hessen, Mainz und seine Umgebung zu Rheinland-Pfalz. Zusam-men bilden diese rechts- und linksrheini-schen bzw. -mainischen Gemeinden den größten Teil des Rhein-Main-Gebiets (5,7 Mio. Einw.), eine der elf europäischen Metropolre-gionen in Deutschland – und hinsichtlich der Bevölkerungszahl eine der am stärksten wachsenden. Mit über 950 Einw./km² ist die Rhein-Main-Region dicht bevölkert (Durch-schnitt Deutschland 229 Einw./km²). Auch aufgrund der wirtschaftlichen Gegebenhei-ten ist der Ausländeranteil mit etwa einem Drittel verglichen mit anderen Ballungsräu-men sehr hoch. Eine Besonderheit ist, dass es in der Vergangenheit nie eine territoriale Einheit des Rhein-Main-Gebiets gab. Der tau-sendjährigen Kleinstaaterei, die sich in den kirchlichen Zuständigkeiten bis heute erhal-ten hat, verdankt die Region ihre kulturelle Vielfalt.
Etwa 1,8 Mio. Arbeitnehmer sind im Rhein-Main-Gebiet beschäftigt, vor allem im Dienst-leistungs- und Forschungsbereich und in der Automobilindustrie (Rüsselsheim). Auch die Bau- und Immobilien-Wirtschaft ist ein wich-tiger Faktor. Der Flughafen Frankfurt und die Bankenmetropole Frankfurt bieten zusam-men viele Tausende Arbeitsplätze. Die ge-schützte Lage begünstigt den Weinbau im Rheingau, dessen Produkte oftmals ho-her Qualität internationalen Ruf genießen. Südlich des Rheins liegt Rheinhessen, Deutschlands größte Weinbauregion; hier wurde lange Massenware produziert, zuletzt erzielte man aber auch große Fortschritte hinsichtlich der Qualität. Rheinhessen ist auch bekannt für Obst, Gemüse und sonstige landwirtschaftliche Produkte.
Natur und Geografie: Streuobstwiesen (um Frankfurt), Rebflächen (Rheinufer) sowie teil-weise noch dichte Buchen-, Eichen- und Na-delwälder (Taunus) prägen die Natur der Re-gion; der Südhang des Taunus zählt, vor nördlichen Winden geschützt, klimatisch zu den mildesten Gebieten Deutschlands. Hier entspringen eine Reihe von Mineral- und Thermalquellen, Grundlage für diverse Heil-bäder. Neben Rhein und Main fließen die Nahe (125 km) und die Nidda (89,7 km) in der Region. Höchste Erhebung ist der Große Feldberg mit 879 m.

Das Mainzer Rheinufer säumen Beachclubs.

Mainz und Darmstadt untereinander bestens mit S-Bahnen verbunden. Auch die Taunusorte sind mit der S-Bahn erreichbar. Informationen auf den Internetseiten www.rmv.de und www. traffiq.de (Tel. 01801/7 68 46 36).
In Frankfurt gibt es ein gut ausgebautes U-Bahn-Netz (Stadtwerke Verkehrsgesellschaft Frankfurt am Main, Tel. 069/1 94 49, www. vgf-ffm.de).

Radfahren

Die Ufer von Main und Rhein bieten sich zum gemütlichen Radfahren an, die Höhen des Taunus zum Mountainbiken – letztere sind natürlich auch ein wunderbares Wandergebiet bzw. eignen sich zum ambitionierten Walken und Joggen. Leihräder gibt es unkompliziert online über die Deutsche Bahn auf der Internetseite www.callabike-interaktiv.de oder für Frankfurt auf www.nextbike.de.

Restaurants

Gastliche Stätten sind im Rhein-Main-Gebiet wahrlich keine Mangelware – das Spektrum

Preiskategorien

€ € € €	Hauptspeisen	über 20	€
€ € €	Hauptspeisen	15 – 20	€
€ €	Hauptspeisen	10 – 15	€
€	Hauptspeisen	5 – 10	€

reicht vom Gourmettempel über Bodenständiges bis zur Exotik. Nachfolgend eine kleine Auswahl:
Darmstadt: € € € Landgraf Ludwig VIII., Kranichsteiner Straße 261, Tel. 06151/9 77 90, www.hotel-jagdschloss-kranichstein.de. Adel verpflichtet: Das traditionsreiche Restaurant im

Jagdschloss Kranichstein serviert Speisen mit regionalem Flair in Verbindung mit Zutaten aus aller Welt.
€ € Sitte, Karlstraße 15, Tel. 06151/2 22 22, www.restaurant-sitte.de. Anno 1877 als Brauereiausschank geöffnet, ist das Haus bis heute einer deftigen und regionalen Küche.

Info

Geschichte

13/12 v. Chr.: Die Römer errichten ihr Doppellegionslager auf dem Kästrich (Mainz). Um 15 n. Chr. entsteht ein erstes Erdkastell auf dem „Heidenberg" (Wiesbaden).
77: Plinius d. Ä. erwähnt in seiner Naturalis Historia die heißen Quellen Wiesbadens.
1. Jh.: Auch an der Nidda (Frankfurt) entstehen ein Römerkastell und eine Siedlung. Bei Bad Homburg wird ein einfaches, zum Limes hin ausgerichtetes Kastell errichtet.
7. Jh.: In der Vorläuferkirche des Frankfurter Doms wird ein merowingisches Mädchen aus vornehmer Familie mit reichen Grabbeigaben bestattet.
782: Mainz ist Sitz des neuen Erzbistums. Die zugehörige Kirchenprovinz wird zur größten nördlich der Alpen.
794: Anlässlich einer Reichsversammlung und Kirchensynode unter Karl dem Großen wird Frankfurt als „Franconofurd" erwähnt.
12. Jh.: Gründung der Klöster Eberbach und Johannisberg.
1152: Friedrich I. (Barbarossa) wird in Frankfurt zum deutschen König gewählt. Von 1356 bis 1792 bleibt Frankfurt Ort der Königs- bzw. Kaiserwahl.
1170–1180: Die Grafen von Nassau werden mit Herrschaftsrechten in und um Wiesbaden belehnt.
1240: Friedrich II. verleiht Frankfurt das Messeprivileg.
1242: Wiesbaden wird Freie Reichsstadt.
1244: Mainz wird Freie Stadt (bis 1462).
1372: Frankfurt wird Freie Reichsstadt mit eigener Finanzhoheit.
um 1440: Johannes Gutenberg erfindet den Buchdruck mit beweglichen Lettern und druckt in Mainz seine Bibeln (ab 1452).
1525/1526: Auf Wiesbadens Neroberg wird ein Weinberg angelegt.
1547 und 1561: Verheerende Stadtbrände in Wiesbaden
1585: Gründungsjahr der Frankfurter Börse – noch ohne festes Gebäude
18. Jh.: Die Familien Bethmann und Rothschild schaffen die Voraussetzungen für den Aufstieg Frankfurts zu einem Finanzplatz von internationalem Rang.
1798–1814: Mainz gehört als Folge der durch die Französische Revolution ausgelösten Koalitionskriege zu Frankreich.
1806: Wiesbaden wird Residenz des Herzogtums Nassau (bis 1866) und entwickelt sich im 19. Jh. zur „Weltkurstadt". Auch Bad Hom-

burg v.d.H., Bad Nauheim und Bad Soden am Taunus glänzen als mondäne Kurorte.
1826: In Mainz gründet sich die Dampfschifffahrtsgesellschaft für den Mittelrhein.
1840: Erste planmäßige Zugfahrt vom Wiesbadener Taunusbahnhof nach Kastel (Mainz). Eröffnung der Bahnstrecke nach Frankfurt.
1848: In der Frankfurter Paulskirche tagt die 1. Deutsche Nationalversammlung.
1866: Frankfurt, Wiesbaden und der Rheingau werden als Folge des Deutschen Kriegs von den Preußen besetzt und annektiert.
1912: In Frankfurt entsteht ein erster Flughafen auf dem Rebstockgelände. 1929 wird der Flughafen bei Wiesbaden-Erbenheim eröffnet,1936 der neue Flug- und Luftschiffhafen Rhein-Main auf dem Gebiet des Frankfurter Stadtwalds eingeweiht.
1944: Ein Großangriff der Royal Airforce am 22. März zerstört die gesamte Frankfurter Altstadt – bis dahin größte ihrer Art in Deutschland. Die Brandnacht des 11. Sept. legt auch Darmstadt in Schutt und Asche. Am 27. Feb. 1945 wird Mainz durch britische Brandbomben fast völlig zerstört.
1945: General Eisenhower verkündet am 19. Sept. die Gründung des Landes Groß-Hessen (ab 1. Dez. 1946 Land Hessen mit Wiesbaden als Hauptstadt).
1946: Mainz wird am 30. Aug. Hauptstadt des Landes Rheinland-Pfalz.
1949: Frankfurt verliert mit nur einer Stimme die Wahl zur Bundeshauptstadt zugunsten Bonns.
1960–1990: Das Rhein-Main-Gebiet entwickelt sich zu einer der ökonomisch stärksten Regionen Deutschlands.
1998: Die Europäische Zentralbank nimmt in Frankfurt ihre Arbeit auf.
2005: Der Obergermanisch-Rätische Limes wird UNESCO-Welterbestätte.
2010: Mit dem Abriss des Technischen Rathauses beginnt in Frankfurt ein groß angelegtes Altstadtgestaltungsprojekt.
2015: Spatenstich für den Neubau des Römisch-Germanischen Zentralmuseums in Mainz
2016: Frankfurt erhält ein neues Stadtlogo; der Neubau des Historischen Museums und des Stadthauses sowie die Neugestaltung des Museums Judengasse sind abgeschlossen.

Zum Weiterlesen

Porträts von Menschen und Straßen bietet Dirk Michael Beckers **Wiesbaden Literarisch** (Universum Verlagsanstalt).
Kerstin Hamanns **Abgehakt** ist ein Wiesbaden-Krimi mit viel Lokalkolorit (Sutton), Michael Kiblers Krimi **Schattenwasser** spielt in Darmstadt (Piper). Claudia Platz' **Die falschen Caesaren** ist ein im römischen Mainz angesiedelter Krimi (Leinpfad). Der zweite Fall der deutsch-spanischen Kommissarin Cornelia Weber-Tejedor – Rosa Ribas' **Tödliche Kampagne** – spielt in der Szene der Frankfurter Werbeagenturen (suhrkamp taschenbuch). Jan Seghers **Die Akte Rosenherz** ist ein Krimi um einen Mordfall aus den 1960ern, verwoben mit dem Frankfurt von heute (rororo Taschenbuch).
Betrachtungen aus der Mainmetropole fasst Rita Henss in **Der Dichter, das Geld und die grüne Soße. Frankfurter Verlockungen** zusammen (Picus Verlag).
Ein schwieriges Thema behandelt Helga Krohn in **Es war richtig, wieder anzufangen – Juden in Frankfurt am Main seit 1945** (Brandes & Apsel). Geschichten und Anekdoten aus Bad Homburg gibt es in Eva Schweiblmeiers **Schelme, Charme & Champagner** (Wartburg Verlag), aus Darmstadt in Rainer Witts **Wenn's dreimal pfeift, gibts Ärger** (Wartburg).
Wer mehr über Frankfurt wissen möchte, sollte den **Baedeker Reiseführer Frankfurt am Main** konsultieren.

treu geblieben (u. a. Darmstädter Kartoffelsuppe).
Frankfurt: € € € € **King Kameha Suite,** Taunusanlage 20, Tel. 069/480 03 70, www.kamehasuite.com. In der ehem. Allianz-Villa (1898 bis 1900) stehen die Tische u. a. um die prachtvolle Freitreppe unter einer Atrium-Kuppel. Gekocht wird kreativ europäisch.
€ € / € **Fichtekränzi,** Wallstraße 5, Tel. 069/61 27 78, www.fichtekraenzi.de. Apfelwein gibt es hier in traditionellem Ambiente, neben Frankfurter Spezialitäten aber auch Austern und Tagesspezialitäten.
€ € **Druckwasserwerk,** Rotfeder Ring 16, Tel. 069/256 28 77 00, www.restaurant-druckwasserwerk.de. Ein Industriedenkmal als Dinnerkulisse: In der zentralen Halle des historischen Wasserwerks gibt es deutsche Klassiker, kreativ aufbereitet.
Kronberg: € € € € / € € **Schlosshotel Kronberg,** Hainstraße 25, 61476 Kronberg, Tel. 06173/701 01, www.schlosshotel-kronberg.de.

Hochherrschaftliches Flair wird sowohl im Restaurant als auch beim englischen High-Tea in der Bibliothek von Kaiserin Victoria geboten.
Mainz: € € **Heiliggeist,** Mailandsgasse 11, 55116 Mainz, Tel 06131/22 57 57, www.heiliggeist-mainz.de. Im einstigen Mittelalter-Spital, dessen Geschichte bis ins 13. Jh. zurückreicht, wird nun zeitgenössische Küche mit italienischem und Wiener Einschlag serviert.
€ € / € **Bootshaus,** Victor-Hugo-Ufer, Tel. 06131/1 43 87 00, www.frank-buchholz.de. Nachdem Frank Buchholz sein Sterne-Restaurant aufgegeben hat, zeichnet er nur noch verantwortlich für die kulinarische Seite des zum Mainzer Ruderverein gehörenden neuen Bootshauses.
Wiesbaden: € € € **Ente,** Kaiser-Friedrich-Platz 3–4, Tel. 0611/13 36 66, www.nassauer-hof.de. Seit mehr als drei Jahrzehnten funkelt hier ein Michelinstern. Alternativ zur Gourmetküche gibt es ein Bistro-Angebot.
€ € **Café Maldaner,** Marktstraße 34, Tel. 0611/30 52 14, www.cafe-maldaner.de. Nicht nur Kuchen, sondern auch Suppen, Salate, Flammkuchen oder Schnitzel serviert das erste Wiener Kaffeehaus Deutschlands. (gegr. 1859).

Unterkunft

Das Rhein-Main-Gebiet verfügt über unzählige Hotels und Pensionen – zu Zeiten einer der

zahlreichen Messen werden Unterkünfte allerdings schnell zur Mangelware. Hier eine kleine Auswahl:
Bad Homburg: € € € / € € **Hotel Steigenberger,** Kaiser-Friedrich-Promenade 69–75, Tel. 06172/18 10, www.steigenberger.com. Stilvoll in Art-déco-Ambiente und in Kurpark- sowie Spielbanknähe.
Bad Nauheim: € € **Hotel Dolce,** Presley-Platz 1, Tel. 06032/30 30, www.dolce-bad-nauheim-hotel.de. Als Teil des Kongresszentrums mit großem Spa und dem Jugendstiltheater in 200 ha Parkgrün eingebettet.
Darmstadt: € € **Hotel Friends,** Spessartring 53, Tel. 06151/39 15 50, www.hotel-friends-darmstadt.de. An der Mathildenhöhe gelegen umfasst das Haus 22 Zimmer im Retrodesign und mit individuellem Farbkonzept.
Eltville: € € **Kleine Villa Rose,** Grabengasse 4,. Tel. 06123, 9 99 45 90, www.kleine-villa-rose.de. Sechs charmante, stilvoll-gemütliche Zimmer bietet dieses kleine Garni-Hotel inmitten der Altstadt.

Souvenir aus dem Apfelweinviertel: Steinzeug der Töpferei Maurer in Sachsenhausens Wallstraße

Frankfurt: € € € **Frankfurter Hof,** Am Kaiserplatz, Tel. 069/2 15 02, www.steigenberger. com. 1876 eröffnet, vereint das Grandhotel traditionellen Glanz mit modernem Komfort – und birgt zudem ein Sternerestaurant (günstige Wochenendpauschalen).

€ € € / € € **Hotel Gerbermühle,** Gerbermühlstraße 105, Tel. 069/68 97 77 90, www. gerbermuehle.de. Wo einst bereits Dichterfürst Goethe zu Gast war, steht inzwischen eine Designhotel mit 18 lichten, farbenfrohen Zimmern und öffentlichem Biergarten am Fluss.

€ € **Villa Orange,** Hebelstraße 1, Tel. 069/40 58 40, www.villa-orange.de. Zur Einkaufsmeile Zeil sind es nur fünf Spazierminuten von dem biozertifizierten Business-Hotel.

Mainz: € € € / € € **Favorite Park Hotel,** Karl-Weiser Str. 1, 55131 Mainz, Tel. 06131/ 8 01 50, www.favorite-mainz.de, Sterne-Restaurant, Flussnähe und Biergarten mit Parkanbindung – eine echte Oase mit 145 großzügigen Zimmern.

Wiesbaden: € € € **Schwarzer Bock,** Kranzplatz 12, Tel. 0611/15 50, www.radissonblu. com. Nahe dem Kochbrunnen reihten sich die ersten Wiesbadener Grandhotels, darunter der bereits 1486 als „Badhaus" gegründete Schwarze Bock.

Wiesbaden: € € **Hotel Klemm,** Kapellenstraße 9, Tel. 0611/58 20, www.hotelklemm.de.

In einer renovierten Jugendstilvilla untergebracht und seit Jüngstem mit modernen Einzelzimmern und einem Appartement.

Jugendherbergen: Die fünf Häuser in der Region sind eine oftmals kostengünstige Alternative:

JH Bad Homburg, Mühlweg 17, 61348 Bad Homburg, Tel. 06172/2 39 50, www.bad-homburg.jugendherberge.de. 200 Betten, im Grünen in der Nähe des Schlosses und der Thermen.

JH Darmstadt, Landgraf-Georg-Straße 119, 64287 Darmstadt, Tel. 06151/4 52 93, www. darmstadt.jugendherberge.de. 130 Betten in 32 Zimmern, 5 Gehminuten zum Museum Künstlerkolonie.

JH Frankfurt – Haus der Jugend, Deutschherrnufer 12, 60594 Frankfurt, Tel. 069/ 6 10 01 50, www.frankfurt.jugendherberge.de. Schön und günstig in Sachsenhausen am Main gelegen.

JH Mainz – Rhein-Main-Jugendherberge, direkt am Volkspark gelegen. Otto-Brunfels-Schneise 4, 55130 Mainz, Tel. 06131/8 53 32, www.diejugendherbergen.de. 166 Betten in Einzel-, Doppel-, Vierer- und Mehrbettzimmern (alle mit Dusche/WC).

JH Wiesbaden, Blücherstraße 66–68, 65195 Wiesbaden, Tel. 0611/4 86 57, www.wiesbaden. jugendherberge.de. 220 Betten, 25 Min. zu Fuß bis zum Kurhaus (2 km).

Camping: Mobiles Wohnen ist für viele unverändert attraktiv. Im Internet findet sich unter www.rentocamp.de eine deutschlandweite Liste von Camping- bzw. Wohnmobilstellplätzen. Eine Auswahl:

City Camp Frankfurt, An der Sandelmühle 35, 60439 Frankfurt, Tel. 069/57 03 32, www. city-camp-frankfurt.de.

Campingplatz Offenbach-Bürgel, Gerhard-Becker-Straße 400, 63075 Offenbach, Tel. 069/86 29 49, www.campingplatz-offenbach. com.

Campingplatz Rettbergsau, Gartenfeldstr. 57, 65189 Wiesbaden, Tel. 0611/2 45 51, www. rettbergsau.de

Reisemobilhafen Wiesbaden, Wörther-See-Straße 29, 65187 Wiesbaden, Mobiltel. 0172/ 6 62 70 12 oder 0173/7 32 95 20, www.reisemobilhafen-wiesbaden.de.

Campingplatz Rheingau, Auweg 2–4, 65347 Eltville-Hattenheim, Tel. 06723/28 27, www. rheingaucamping.de

Camping Maaraue, Maaraue 48, 55246 Mainz-Kostheim, Tel. 06134/43 83, www.krkg.de/ camping.

Taunuscamp, Bezirkstraße 2, 65817 Eppstein, Tel. 06198/70 00, www.taunuscamp.de.

Campingplatz Am Steinrodsee, Triftweg Außerhalb 27, 64331 Weiterstadt, Tel. 06150/5 35 93, www.camping-steinrodsee.de.

Zum mitten in der Stadt gelegenen Frankfurter Bethmannpark gehört – hinter weißen Mauern verborgen – auch ein Chinesischer Garten.

Register

B
Bad Homburg **78–79,** 87, 89, 90
Bad Nauheim **80, 81,** 83, **86,** 87,
  87, 89, **89**
Bad Soden **84,** 91, 118

D
Darmstadt **66–67,** 67, 74–75

E
Eltville **98, 99, 111,** 112
Eppstein **84**

F
Falkenstein 90
Frankfurt 24–74, **24–74**
  Alte Oper **7, 18–19, 32,** 40, 41
  Archäologisches Museum 40
  Bahnhofsviertel 33, 40, 41
  Bankenviertel **5, 14–15, 22–23,**
    25, **26, 28–29**
  Berger Straße **44,** 45
  Bockenheim 58
  Bockenheimer Warte 58
  Bornheim 45, 57
  Börse **14–15,** 27, 40
  Deutsches
    Architekturmuseum 35, 58
  Deutsches Filmmuseum 58
  Dialogmuseum 58
  Dom **26,** 39, **51**
  Dominikanerkloster 39
  Dommuseum 39
  Eschenheimer Turm **44**
  Flughafen 25
  Freßgass 59
  Friedhof, Haupt- 39, **40**
  Gerbermühle 49, **58,** 59
  Goethe-Haus **33,** 40
  Goethestraße **30,** 40
  Großmarkthalle 47, 58
  Grüneburgpark **46–47,** 58
  Hauptbahnhof 41
  Hauptwache **5,** 40, 41
  Haus Wertheim **25,** 39
  Höchst **7, 62–63,** 65, 73
  Holbeinsteg 41, **50**
  Ikonen-Museum 59
  Kaiserplatz **24, 39**
  Karmeliterkloster 39
  Katharinenkirche **5,** 40
  Klassikstadt 57
  Kleinmarkthalle 40, **116**
  Kunsthalle Schirn **34, 37,** 39
  Liebieghaus 35, **48,** 58
  Literaturhaus 33, 40
  Lohrberg 63, 73
  Messe **4, 29, 68, 69,** 68, 70,
    71
  MMK Museum für Moderne
    Kunst **10–11, 34,** 40
  Museum der Weltkulturen 58
  Museum für Angewandte
    Kunst 35, **49,** 58

Museum für Kommunikation 35,
  58
Museum Giersch 58
Museum Judengasse 39
Museum Komischer Kunst
  Caricatura 39
Museumsufer **7, 34,** 41, 58
Nationalbibliothek **44**
Nikolaikirche, Alte 39
Nordend 45, 57
Ostend 57
Palmengarten **7, 57,** 58
Paulskirche **26,** 27, 39, 41
Portikus **48,** 59
Römer **24, 25,** 25, **37,** 39, 65
Römerberg **36,** 39, **39,** 41
Römerstadt 73
Saalgasse **37,** 39
Saalhof 39
Sachsenhausen 45, 54, **55,** 58,
  63, **116, 119**
Senckenberg-Museum **46**
Städelsches Kunstinstitut 35,
  42–43, 51, 58
Stadtbibliothek, Alte 40
Städtische Bühnen 41
Stadtwald 63, 73
Theater 41
Universität 47, **57,** 58
Westend 47, 58
Zeil **30–31,** 40
Zoologischer Garten 58

H
Hessenpark, Freilichtmuseum 90,
  90

I
Idstein **12–13, 76–77,** 83, **85,**
  91
Ingelheim 107, **107,** 113

K
Königstein 79, **83, 84,** 90
Kronberg 79, 90

M
Mainz 100–107, **100–107,** 112
  Dom St. Martin 112, **112**
  Dom- und Diözesanmuseum
    113
  Fastnachtsmuseum 113
  Festung 83, 90
  Gutenberg-Museum **100,** 112,
    112
  Karneval **104–105**
  Kunsthalle Mainz 113
  Kurfürstliches Schloss **102,** 113
  Landesmuseum Mainz 113
  Römisches Theater 112
  Römisch-Germanisches
    Zentralmuseum **102,** 113
  Stadthistorisches Museum 113
  St. Stefan **100,** 112

O
Offenbach **60–61, 64,** 65, **65,** 67, 74
Opelzoo 90

S
Saalburg 83, **83,** 89

W
Wiesbaden **92–93,** 111–113
  Hessisches Staatstheater **95,** 111
  Kaiser-Friedrich-Therme **96,** 111
  Kochbrunnen 97
  Kurhaus **7, 84, 92–93,** 111

Kurpark 99, 111
Marktkirche **94,** 111
Museum Wiesbaden 111
Nassauischer Kunstverein 111
Neroberg **4, 98,** 99, 111
Schloss Biebrich **111,** 112
Schlossplatz 111
Stadtschloss 111
Wilhelmstraße 111, 112

Impressum

2. Auflage 2017
© DuMont Reiseverlag, Ostfildern

Verlag: DuMont Reiseverlag, Postfach 3151, 73751 Ostfildern, Tel. 0711 45 02-0,
Fax 0711 45 02-135, www.dumontreise.de
Geschäftsführer: Dr. Thomas Brinkmann, Dr. Stephanie Mair-Huydts
Programmleitung: Birgit Borowski
Redaktion: Guido Huss, Anja Schlatterer (red.sign Stuttgart)
Text: Rita Henss, Frankfurt
Exklusiv-Fotografie: Udo Bernhart, Langen
Titelbild: laif/Dagmar Schwelle
Zusätzliches Bildmaterial: S. 8/9 huber-images/Maurizio Rellini, S. 10/11
huber-images/G. Croppi, S. 18/19 huber-images/Massimo Borchi, S. 20 l. o.
picture-alliance/dpa/Frank Rumpenhorst, l. u. mauritius images/Udo Siebig, M.
laif/Zenit/Jan-Peter Boening, r. o. iStockphoto/soulcld, r. u. picture-alliance/dpa/
Frank Rumpenhorst, S. 21 l. und r. o. mauritius images/Bernd Wittelsbach, r. u.
mauritius images/United Archives, S. 26/27 o. mauritius images-imagebroker-
Kurt Möbus, S. 30/31 LOOK-foto/Ingolf Pompe, S. 32 u. picture-alliance/dpa/Boris
Roessler, S. 40 o. mauritius images/imagebroker/Michael Nitzschke, S. 42/43
huber-images/G. Croppi, S. 46 u. LOOK-foto/Ingolf Pompe, S. 48/49 und S. 58 l.
DuMont Bildarchiv/Sabine Lubenow, S. 74 r. o. picture alliance/chromorange/
Wolfgang Cezanne, S. 76/77 laif/Georg Knoll, S. 82 o. l. und u. r., S. 87 r. u. und S.
98 u. r. DuMont Bildarchiv/Sabine Lubenow, S. 106 u. huber-images/R. Schmid,
S. 108 l. Christian Engels (Lichtliebe, Tischleuchte Fafoo), M. o. werkstoff by Doris
Laubner, M. u. laif/Tim Wegner, r. o. iStockphoto/soulcld, S. 109 o. Liebesdienste
frankfurt, u. l. Evelyn Toomistu, u. r. fuchs · feines aus holz, S. 111 l. huber-
images/Chris Seba, S. 114 o. iStockphoto/soulcld, l. picture-alliance/dpa/Frank
Rumpenhorst, r. SAE Institute Ffm, S. 115 l. o. DuMont Bildarchiv/Christian Bäck,
l. u. Niko Neuwirth Photography, r. laif/Gunnar Knechtel
Grafische Konzeption, Art Direktion: fpm factor product münchen
Layout: Cyclus · Visuelle Kommunikation, Stuttgart
Cover Gestaltung: Neue Gestaltung, Berlin
Kartografie: © MAIRDUMONT GmbH & Co. KG, Ostfildern
Kartografie Lawall (Karten für „Unsere Favoriten")
DuMont Bildarchiv: Marco-Polo-Straße 1, 73760 Ostfildern, Tel. 0711/4502-266,
Fax 0711/4502-1006, bildarchiv@mairdumont.com

Für die Richtigkeit der in diesem DuMont Bildatlas angegebenen Daten –
Adressen, Öffnungszeiten, Telefonnummern usw. – kann der Verlag keine
Garantie übernehmen. Nachdruck, auch auszugsweise, nur mit vorheriger
Genehmigung des Verlages. Erscheinungsweise: monatlich.

Anzeigenvermarktung: MAIRDUMONT MEDIA, Tel. 0711 450 20,
Fax 0711 45 02 10 12, media@mairdumont.com, http://media.mairdumont.com
Vertrieb Zeitschriftenhandel: PARTNER Medienservices GmbH, Postfach
810420, 70521 Stuttgart, Tel. 0711 72 52-212, Fax 0711 72 52-320
Vertrieb Abonnement: Leserservice DuMont Bildatlas, Zenit
Pressevertrieb GmbH, Postfach 810640, 70523 Stuttgart,
Tel. 0711 7252-265, Fax 0711 7252-333,
dumontreise@zenit-presse.de
Vertrieb Buchhandel und Einzelhefte: MAIRDUMONT
GmbH & Co. KG, Marco-Polo-Straße 1, 73760 Ostfildern,
Tel. 0711 45 02 0, Fax 0711 45 02 340
Reproduktionen: PPP Pre Print Partner GmbH & Co. KG, Köln
Druck und buchbinderische Verarbeitung:
NEEF + STUMME premium printing GmbH & Co. KG, Wittingen,
Printed in Germany

FSC
www.fsc.org
MIX
Papier aus ver-
antwortungsvollen
Quellen
FSC® C001857

Teeplantagen in Sri Lankas Hochland, so weit das Auge reicht. Die britische Kolonialmacht führte die Nutzpflanze um 1870 ein.

Eine von Berlins Vorzeigeansichten, der Blick auf Bode-Museum und Fernsehturm im Hintergrund.

Berlin

Große Kunst
Erwartet Sie in den Berliner Museen, nicht nur in jenen fünf, die auf der Museumsinsel liegen und von der UNESCO zum Welterbe gekürt wurden.

Die Hauptstadt anders erleben
Wie wäre es mit einer Rikscha-Tour durch das historische Berlin, mit einer Rundfahrt im Trabi oder mit einer Führung durch die Unterwelt?

Das hippe Berlin
Prenzlauer Berg, Kreuzberg, Friedrichshain und Neukölln, hier trifft sich heute die Szene! Wir verraten Ihnen, welche Clubs und Bars gerade angesagt sind.

Sri Lanka

Tropisches Märchenland
Für eine Reise nach Sri Lanka gibt es gute Gründe: eine traumhafte Landschaft, üppig grüne Vegetation, herrliche Strände und einzigartige Kunstwerke – lassen Sie sich mit hervorragenden Bildern einstimmen auf ein ganz besonderes Land.

Das Wissen vom Leben
Ayurveda ist eine 3000 Jahre alte ganzheitliche Heilmethode. Wir stellen Ihnen die wichtigsten Komponenten der Behandlung vor und liefern Ihnen Pro- und Kontra-Argumente für Ayurveda-Kuren.

Der lange Weg zum Frieden
Hintergründe und Fakten zum Bürgerkrieg, der das Land bis 2009 in Atem hielt.

www.dumontreise.de

Lieferbare Ausgaben

DEUTSCHLAND
119 Allgäu
092 Altmühltal
105 Bayerischer Wald
180 Berlin
162 Bodensee
175 Chiemgau, Berchtesg. Land
013 Dresden, Sächs. Schweiz
152 Eifel, Aachen
157 Elbe und Weser, Bremen
168 Franken
020 Frankfurt, Rhein-Main
112 Freiburg, Basel, Colmar
028 Hamburg
026 Hannover zw. Harz u. Heide
042 Harz
023 Leipzig, Halle, Magdeburg
131 Lüneburger Heide, Wendland
038 Mecklenburg-Vorpommern
033 Mosel
047 Münsterland
015 Nordseeküste
      Schleswig-Holstein
006 Oberbayern
161 Odenwald, Heidelberg
035 Osnabrücker Land, Emsland
002 Ostfriesland, Oldenb. Land
164 Ostseeküste
      Mecklenburg-Vorpommern
154 Ostseeküste
      Schleswig-Holstein
136 Pfalz
040 Rhein zw. Köln und Mainz
185 Rhön
186 Rügen, Usedom, Hiddensee
137 Ruhrgebiet
149 Saarland
182 Sachsen
081 Sachsen-Anhalt
117 Sauerland, Siegerland
159 Schwarzwald Norden
045 Schwarzwald Süden
018 Spreewald, Lausitz
008 Stuttgart, Schwäbische Alb
141 Sylt, Amrum, Föhr
142 Teutoburger Wald
170 Thüringen
037 Weserbergland
173 Wiesbaden, Rheingau

BENELUX
156 Amsterdam
011 Flandern, Brüssel
179 Niederlande

FRANKREICH
177 Bretagne
021 Côte d'Azur
032 Elsass
009 Frankreich Süden
      Languedoc-Roussillon
019 Korsika
071 Normandie
001 Paris
115 Provence

GROSSBRITANNIEN/IRLAND
130 London
030 Südengland

ITALIEN/MALTA/KROATIEN
181 Apulien, Kalabrien
017 Gardasee, Trentino
110 Golf von Neapel, Kampanien
163 Istrien, Kvarner Bucht
128 Italien, Norden
005 Kroatische Adriaküste
167 Malta
155 Oberitalienische Seen
158 Piemont, Turin
014 Rom
165 Sardinien
003 Sizilien
140 Südtirol
039 Toskana
091 Venedig, Venetien

**GRIECHENLAND/
ZYPERN/TÜRKEI**
034 Istanbul
016 Kreta
176 Türkische Südküste, Antalya
148 Zypern

MITTEL- UND OSTEUROPA
104 Baltikum
094 Danzig, Ostsee, Masuren
169 Krakau, Breslau,
      Polen Süden
044 Prag

ÖSTERREICH/SCHWEIZ
004 Salzburger Land
139 Schweiz
144 Tirol
147 Wien

SPANIEN/PORTUGAL
043 Algarve
093 Andalusien
150 Barcelona
025 Gran Canaria, Fuerteventura,
      Lanzarote
172 Kanarische Inseln
124 Madeira
174 Mallorca
007 Spanien Norden, Jakobsweg
118 Teneriffa, La Palma,
      La Gomera , El Hierro

SKANDINAVIEN/NORDEUROPA
166 Dänemark
153 Hurtigruten
029 Island
099 Norwegen Norden
178 Norwegen Süden
151 Schweden Süden, Stockholm

**LÄNDERÜBERGREIFENDE
BÄNDE**
123 Donau – Von der Quelle
      bis zur Mündung
112 Freiburg, Basel, Colmar

AUSSEREUROPÄISCHE ZIELE
183 Australien Osten, Sydney
109 Australien Süden, Westen
024 Dubai, Abu Dhabi, VAE
160 Florida
036 Indien
027 Israel
111 Kalifornien
031 Kanada Osten
171 Kuba
022 Namibia
041 New York
184 Sri Lanka
048 Südafrika
012 Thailand
046 Vietnam